JN294982

大学入試

シンプル・クッキング英作文

◉新装版◉

大田博司 著
Hiroshi Ota

Ota's Simple Cooking Method of English Composition

研究社

はしがき

　街角に自動販売機が氾濫しています。真夏の暑い日、コインをポケットから取り出して販売機に投入すると、缶コーヒーなり、コーラなり、求める品物がゴロリと出てくる場面を想像してみて下さい。このありふれた光景も、考えてみれば現代人の一つの象徴と大袈裟に言えるかもしれませんね。コインを投入するというインプットと、ゴロリと缶コーヒーが出てくるアウトプットを自販機という機械（mechanism）が関係づけています。数学が好きな人は直ちに、

$$\text{缶コーヒー} = f(\text{投入されたコイン})$$

という関数をイメージすることでしょう。実際にこの関数は有限オートマトンというからくりで構成され、それは有限状態文法という文法でプログラムされているのだそうです。そうです、いわば、機械の内部での思考（意識と言っても構わないでしょう）は文法によって制御されているわけです。この文法は決して融通のきくものではなく、100円玉と50円玉を取り違えて投入して一定の金額にならないと、求める結果、つまり缶コーヒーは得られません。これが有限状態という言葉の意味です。

　唐突ですが、参考書という奇怪な書物は、この自販機に似ているとは思いませんか。いくらかコインなり紙幣を投入すると、学力という結果が自動的に得られる（はず）という点で。そうは問屋は卸さない、これもまた実感でしょう。私見では、この実感は世の参考書なるものが、ずらりと商品をディスプレイしながらも、自分の内部の文法、つまり、機械の裏側を見せないからだと思います。便利に見えて不便な機械、これが参考書の本質かもしれません。問題が英語、それも英作文となると、事は複雑です。表現面が英語教育上も重視されている以上、英作文の鍛錬は必須の項目であるわけですが、この分野も考えてみると奇怪なところがいくつかあります。まず、日本語というインプットが最初から与えられていることが多いこと、アウトプットが英語という外国語であること、さらに、試験という場面では、辞書なり、相談役なりが傍らに存在しないこと、いやそもそも他人の言ったり書いたりしたことをわざわざその当人に代わって翻訳しなければなら

ないという動機が不明な点、等々いろいろ挙げられます。しかし、こうした否定的な面ばかりかと言えばそうでもなく、マークシートを塗りつぶすといったいかにも現代的な消費者としてのあり方を強制される状況よりは、まだ、自分が主人公になれるという積極的な面もあります。それは、表現する喜びと言ってもよいでしょう。他人の文章を与えられるというのは単に試験という場の制約にすぎないでしょうし、その制約を打ち破れば、自由な自己表現という世界も広がってくるかもしれません。

　世界は情報にあふれています。しかし、考えてみるとこれは不思議な面も含んでいます。そもそも情報(information)とは、無形のカオス(chaos)をある秩序(cosmos)を形成するシステムへと変換すること、簡単に言えば、選択することが原点であるからなのです。料理人が市場に出かけて素材を選ぶ際、使える・使えないの選択をし、使えるネタだけが情報上価値があるということになります。大切なのは、自分の目で吟味することです。あそこのネタはいいらしいというだけでそれを電話なり言付けで注文する料理人はまずいないでしょう。不思議なこととは、他者が選択した結果を何らかの媒体(media)を通して獲得する際に、まず、その媒体を信頼し、そこから流れてくる情報のすべてを受け入れるか、その媒体を信ずることなく、最初から情報としては受けとめないかのいずれかを選択するというのが世間の通例のように思えることです。これはまた簡単に言えば、自分の選択がないということです。こうした姿勢を消費者(consumer)の姿勢と言うことができましょう。多くの情報があふれているということはそれだけ消費者をあてにした商品があふれているということになります。現代科学技術文明の申し子である私たちはこうした消費者のあり方を強制されているのかもしれません。しかしながら、情報を得るということは極めて人間的な行為と言えるでしょうし、その選択に際して、多くの面を検討し、自己を反省し、悩み、苦しむはずです。**英作文が苦手という人はこの意味で人間的**と言えるかもしれません。

　すでに多くの参考書(＝他者の選択の結果の集積・場合によってはそのまた集積)が存在しています。それを選択してバイブルにすれば心理的には安心が得られるでしょうから、参考書にも一定の情報的価値があると言えるでしょう。そうした氾濫する情報の渦の中にこの一書を投じようとする私も本書を一商品として世に送り出し、消費者の需要に応えるという使命を担っていることは確かなことでしょうが、本書は、**次の点で他の参考書とは一線を画する**ものと私は確信して

はしがき

います。大方が、結果の押しつけになっている英作文の参考書に対して、**日本語が英語に変換される過程を主人公としたこと**、まさにこの一点において本書の存在意義があると確信するわけです。

本書は、

(1) とりあえず、問題に自力で取り組む。
(2) 解答はすぐ見ない。
(3) 作品が次第に完成されていく過程を本腰を入れて読み、何ひとつ不明な点がないようにする。
(4) 本書の方法論を全面的にまねる。
(5) 完成された作品を場合によっては辞書も用いて味わう。

この繰り返しで、特に前提となる知識は必要としません。そう、英作文が苦手という人間的な人から、英作文は結構得意というあまりに非人間的な人まで、十分味わえるような構成にしたつもりです。

いわば自販機の中身をさらけ出す、料理の過程をすべてお見せする、という方針を取った点で本書は現代に生きる意味があるのではないかと思うのです。そのために、わざわざ、対話体という形式を採用しました。やりとりの過程の中で、多くの人がぶつかるはずの問題点が明らかになってくると確信するからです。ただし、読者の皆さんに自販機になりなさい、などと言うつもりは全くありません。自販機にはできないことがあります。それは己を見ることです。こうすれば点がとれる、だからこの通りにせよ、というのは自販機になれ、ということなのです。悩んだり苦しんだりする必要はない、とは、人間でなくてもよいということでもあるでしょう。別段ニーチェなどという固有名詞を引き合いに出さなくてもよいかもしれませんが、これは消極的ニヒリズムというやつです。そうではなく、人間的になること、そして、本書のコースをすべて終了した暁に、あまりにも人間的になることが本書の希望でもあるのです。

大袈裟なイントロになってしまいました。実際は割と気楽に読み通せる本になっていると思います。読者の皆さんが本書を通して、人間としても喜び、苦しみを味わい、真の意味での料理の鉄人（哲人）とならんことを切に希望します。

最後に、本書は『高校英語研究』誌上に連載された記事に加筆訂正したものです。本書がこうした形で世に誕生することになったのも、いかにも人間的な編集長、佐藤陽二氏のお陰です。忙しいことにかまけてなかなか筆の進まなかった筆者をどうお思いか、一抹の不安がありますが、これでほっとしたというのが本音です。さらに、校正、その他全面的に本書に関わってくれた水嶋いづみ氏、さらに、綿密に英文を校閲していただいたクリストファー・バーナード氏に衷心から感謝します。さらに、有形無形の形で、きわめてとっつきにくい私に関わってくれた受験生諸君にも感謝します。

　　　　　　　　　　　　　　　　　初冬の油小路にて　　著者しるす

もくじ

- **COOKING LESSON 1**
  入試英作文は、手近な材料で美味しく料理　1

- **COOKING LESSON 2**
  調理の基本ステップをまず、頭に入れる　6

- **COOKING LESSON 3**
  基本ステップを応用し、入門メニューに挑戦　21

- **COOKING LESSON 4**
  ベテランシェフの秘伝を伝授　35

- **COOKING LESSON 5**
  複雑なフルコースも単品の組み合わせ　47

- **COOKING LESSON 6**
  本物を味わうことも一流シェフへのステップ　68

- **COOKING LESSON 7**
  調理法がわからない時の「ごまかし」のテクニック　80

- **COOKING LESSON 8**
  免許皆伝への道（その1）　94

- **COOKING LESSON 9**
  免許皆伝への道（その2）　108

- **COOKING LESSON 10**
  これまでの総復習として卒業試験で実力試し　121

- **COOKING LESSON 11**
  出題形式別英作文の調理実習で実戦に備える　135

- **COOKING LESSON 12**
  重要ポイントのおさらいと最後の調理実習　149

COOKING LESSON 1
入試英作文は、手近な材料で美味しく料理

君は不思議に思わないか？ 試験で君の書いた答案が60点だったとすれば、君の書いた英文は6割だけ英語ということになるのだろうか。英作文という分野ではすでに多くの参考書なり問題集が公刊されている。ひどい場合にはたった１人のアメリカ人が正しい英語とダメな英語とを分けて、誰が書いたのかも定かではない「英文」をあげ、なんと、添削し、コメントまでつけている。君は、アメリカ人が書くような英文を書かないと入試レベルでは落第と思うかい？ 辞書もない、参考書もない、ましてや相談相手さえもいない、といった「極限状況」において、英米人が見ても立派な英文を書かないと入試では通用しないのだろうか。そんなことはないよね。例えば、ある外国人がその本国で日本語を学び、日本にやってきて「拙者は、＊＊＊と申す者でござるんじゃん」と君に自己紹介したとしたら君はどう反応するだろうか。

✗ 英作文は単語テストではない

さて、次の例題を見てほしい。これを材料にして、入試英作文の基本戦略を簡単に紹介してみよう。

> **例　題**
>
> 次の和文をいろいろ工夫して英語にしなさい。
>
> 　孤独は思考を活性化する。

　この問題で問われているのは、「孤独」「思考」「活性化」といった単語をあなたは知っていますか、ということではない。もちろん、語彙的なバックアップがあれば問題はないが、実際の場面では、まず、これってどんな単語で表現するんだろう、と悩んでしまうことが多いだろう。英作文シンプル・クッキングとは、そうした場合に、あわてて高価な材料を買いに行かなくても手元にある材料で結構食べられる、いや、わりと美味しい料理を作るための技なのだ。具体的に言えば、まず、

　　〈孤独〉=「1人でいること」：be alone、あるいは be by oneself

といった発想の転換が自由にできるか、という問題なのだ。

　述語動詞が決定されたので、次に主語を定める。ここでは、一般人称の you がふさわしい。すると、

　　〈孤独〉：**You are alone[by yourself]**

と完成する。以下同様に、

　　〈思考〉：**You think**

この2つの核文を並べてみると、「活性化」は無理して動詞にしなくても、単に「よりよく」といった副詞で表現できそうである。ゆえに、

　　When you are alone, you can think better.

という英文が完成する。これは、

　　Solitude activates thinking.

と書き換えることもできる。

　さて、ここで大切なのは、2番めの英文において「孤独」「思考」は名詞で表現されているが、名詞に関しては冠詞の有無、不定冠詞にするか定冠詞にするかといった英語特有の問題が付随しているけれども、1番めの英文のように動詞中心に表現すると、そうしたやっかいな問題は避けられる、ということだ。実践的には、やさしいものを使ったほうが無難である。

✘「もの」と「こと」の区別をつける

　上のように和文から英文を作る際に、いくつかの思考が必要である。「孤独」が文で表現できるということは、それが「こと」を表す概念だからだ。これは必ず「文」というレベルで表現可能である。「本」は「もの」だが、「読書」は「こと」である。

　文が表すのは「こと」であるとわかった今、もう1段下がって、その「こと」をイメージすることが必要だ。これは、キャンパスの上に絵を描くことに似ている。例題を見てみよう。

例　題

次の和文を与えられた動詞を用いて英語にしなさい。
1．午後買い物に行くけど、一緒に行かないか。
　　come/go
2．飛行機は池の近くに不時着した。
　　come

1．の登場人物は「私」と「あなた」、出来事は「買い物に行く」である。

I'm going shopping this afternoon.
Will you [？？？] with me?

普段、単語を1対1で対応させる癖があると、「行かないか」の部分に go を用いるかもしれない。しかし、正解は come だ。

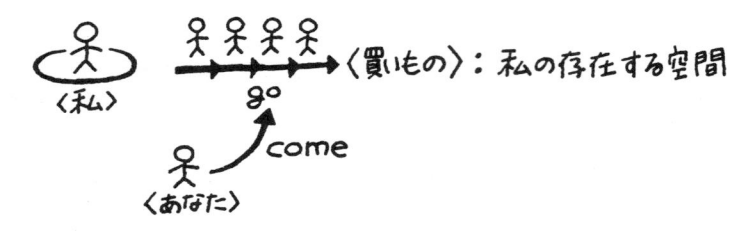

こんなイメージが抱けただろうか。

2．では、登場するものが「飛行機」であり、出来事は「不時着」である。この場合は飛行機といっても、特定の飛行機が話題になっていることは明らか。不時着というのは、空から大地に降りてくることである。

The airplane [？？？] down near the lake.

一般に場所の移動を表すもっとも基本的な動詞は、come と go である。例えば、

Your dream will come true.
He soon went asleep.

というように、come は「現実的・日常的世界のほうへ」、go は「現実的・日常的世界から離れて」というイメージを喚起する動詞である。不時着とは、もちろん「現実の世界」に「生還」することだから、come を用いるわけだ。

LESSON 1

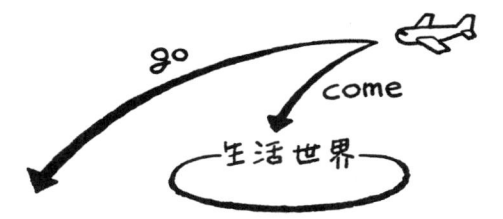

こんなイメージが抱けただろうか。
　私たちの生きている世界(現実の世界もあれば、想像上の世界もある)は、いろいろな「もの(人も含めて)」と「もの」とがある関係をもって「こと」を作り上げている。「文」を作るとは、そうした「世界」を作ることでもある。

COOKING LESSON 2
調理の基本ステップをまず、頭に入れる

　　LESSON 1 で、英作文シンプル・クッキングとは、手近な材料（＝知っている単語）を使って、採点者に「おいしい！」と言わせる料理を作ることだと述べた。材料が揃ったら、それをひと皿の料理（1つの英文）に仕上げていくわけだが、ここで知っておかなくてはいけないのが調理の基本ステップである。具体的には、
　　　ステップ1〈核文の構成〉
　　　ステップ2〈核文の合成〉
という2つがある。当面この2つの道具だけで英文を構成していくことにするが、核文を構成する際にまず大切なのは、「動詞」に対する知識、考え方の基本を確認しておくことである。もちろん英文解釈の学習に際しても、「動詞」に関しては並々ならぬ注意をしていくべきであるが、英作文においても、今後動詞に注意していこう。「動詞」が文の構造を決定するからである。

✘ 動詞を中心に「事態図」を作る

演習1

次に与えられた単語を並べ変えて正しい英文にせよ。ただし、それぞれに不要な語が1語ある。
　1. could, stealing, policeman, him, catch, is, the

2. drank, himself, he, silly, was
3. saw, I, angry, him, being
4. opens, store, 8 o'clock, the, at, they

いずれも基本構文に関する問題である。ステップ１の〈核文の構成〉を行なう前に材料の下ごしらえをしよう。料理とはちょっと不つりあいな言葉だが、「事態図」というものを作るのだ。事態図とは、英文の構造に従って、今から描こうとする「こと＝事態」を図式化したものである。

1. から説明する。まず、事態図を作ってみよう。動詞は、catch, is の２つ。

① [S]—〈**catch**〉—[O]
　　　　Vt
　　　⇧
　　could

② [S]—〈**is**〉—[C]
　　　　Vi

となる。②で[S]には the policeman しか入らないが、そうすると[C]には、stealing しか入らなくなり、不要な語が１語ではなくなる。ゆえに①の catch が述語動詞となる。①の[O]には him が入る。では、stealing は？

The policeman could catch him stealing.

これが正解である【☞ NOTE 1】。

2. も 1. と同様。silly という形容詞をどう利用するかが問題となる。He was の後ろで使えば、and でもあれば drank himself とつなげたかもしれないが、そんな単語はないので、「酔った」結果、「ぽーっと」なったという事態を、補語を利用することで表現する。正解は、

He drank himself silly.　　　　　　　　　　　【☞ NOTE 2】

1. と 2. から、「現在分詞」や「形容詞」が「動詞」の表す動作・行為などと「同時」、あるいはその「結果」を表すことができる、ということが確認できた

と思う。これが「目的補語」の用法の 1 つである。

3．は結構難しい。being という ing 形に気を取られると、

[S]─〈see〉─[O]─〈V-ing〉─

という SVOC 型を予想するが、1 語不要という条件なので、being が不要となる。angry は形容詞だから him の前には来ない。ゆえに正解は、

I saw him angry.

となる。動詞 see には様々な用法があるから、ひと通り辞書で確かめておこう。

4．を見てみよう。opens the store と構成したくなるが、そうすると、they は複数なので主語にはならない。したがって正解は、

The store opens at 8 o'clock.

となる。このように動詞には「自動詞」にも「他動詞」にもなるもの【☞ NOTE 3】があり、これも日頃から注意して覚えておかなければならない。

✗ 和文を読んで動詞を探す

これまで簡単に見てきたように、英文構成のもっとも基本的な部分は動詞の用法に関する知識である。これは、即席に身につく知識ではなく、日頃の地道な学習の結果として身につくものであるから、今後も動詞に関してはとくに注意しながら話を進めていこうと思う。与えられた和文の中から、動詞もしくは動詞になりえる語句を探し、その事態図を作るという練習をしてみよう。

演習 2

次の文を英訳せよ。
1．寒い寒いと言っている間に、春は一歩一歩近づいてきている。
2．今日学校では、先生が学生に対してあまりにも親切で、何でもかんでも教えすぎるきらいがある。　　　　　　　　　　　〈山口大〉

LESSON 2

1. について：
ステップ1〈核文の構成〉
和文中の動詞、動詞となりえるもの：

① 〈言う〉⇒誰が？ 何を？

[we]―〈say〉―[it is cold]

　　*味付け：ただ「言う」というよりは「ぶつぶつ言う」のほうが感じが出る。
　　　　⇒ say を complain にする。

② 〈近づく〉：

[spring]―〈approach〉
　　　　　└ {step by step}　　　　【step by step ☞ NOTE 4】

ステップ2〈核文の合成〉
①と②とは「対比」関係にある。⇒ but, while, though などの接続詞で合成する。解答例として以下に4つあげておく。

(a) **We are complaining that it is cold, but spring is approaching step by step.**　　【complain ☞ NOTE 5】

(b) **While we are complaining of the cold winter, spring is coming to us step by step.**　　【while ☞ NOTE 6】

(c) **Though we are complaining of the cold winter, spring is ...**

(d) **In spite of our complaint of the cold winter, spring is ...**
　　　　　　　　　　　　　　　　　　　　　　【in spite of ☞ NOTE 7】

　(注) (b)は(a)の that 節を句に圧縮したもの、(d)は(c)の though 節を圧縮したもの。このような操作については、後に出てくる〈核文の変形〉の部分でふれる。

2. について：
ステップ1〈核文の構成〉

和文中の動詞、動詞となりえるもの：

① 〈親切だ〉：be kind to . . .

[teachers]—〈be kind〉
   ↑ └─ {to their students}

② 〈教える〉：teach

[teachers]—〈teach〉—[anything]
     ⇑
   be inclined to   【be inclined to ☞ NOTE 8】

ステップ2〈核文の合成〉

①は②の理由 ⇒ Because ①, ②. あるいは . . . so . . . that . . . を使う。

(a) **Because teachers are now too kind to their students at school, they are inclined to teach (them) anything.**

             【too kind ☞ NOTE 9】

(b) **Nowadays teachers are so kind to their students at school that they are apt to teach everything.** 【so . . . that ☞ NOTE 10】

✖ 基本ステップ3は核文の変形

英文構造を自由に操るためには、簡単な規則に従って様々な形式の英文を作り出す力があると便利である。実は核文を構成する力があれば、それを土台にして様々な構造を自分で作り出せる。この〈核文の変形〉こそ、シンプル・クッキング基本ステップの第3番めなのだ。変形の1つが「文の名詞化」である。

LESSON 2

> **演習 3**
>
> 次の英文を指示に従って変形せよ。
> 1. He is kind to his friends.
>   ⇒ She asked の目的語になるように。
> 2. He received a letter from his mother.
>   ⇒ She didn't remember の目的語になるように。

この演習は文構造の把握の基本練習である。ここでは、文の名詞化のさわりだけを確認しておく。今後、英作文の演習の過程で様々な変形を随時確認していく予定であるが、文の名詞化でもっとも基本的な規則は次の2つである。

文を名詞化するもっとも簡単な規則
(1) 文の頭に that, whether などの接続詞をつける。
(2) 準動詞を用いる。
　　SVX ⇒ for S′ to V′ X′　（不定詞）
　　SVX ⇒ S′ V′ing X′　（動名詞）
　　（注）S′は主文の主語と一致する場合、もしくは一般人称の場合は省略。動名詞の意味上の主語は所有格か目的格となる。

では、練習をやってみよう。

1. について：
asked は「尋ねた」の意。したがって、目的語には間接疑問文の形式が用いられる。

　(She asked) whether[if] he was kind to his friends.
　　　　　　　　　　　　　　　【whether/if ☞ NOTE 11】

2. について：

remember は他動詞だが、目的語に to ... という形式と、... ing という形式を取ることができる。

 e.g. I will remember to write a letter to him.
  「私は忘れずに彼に手紙を書く」
 I remember writing a letter to him.
  「私は彼に手紙を書いたことを覚えている」 【☞ NOTE 12】

ここでは、「彼が母親から手紙をもらったことを彼女は覚えていなかった」という文意がふさわしいと考えて、

(She didn't remember) his receiving a letter from his mother.

📖 演習 4

次の和文を英訳せよ。
外国語を学べば、外国の人とやりとりができるようになるし、その文化の知識も増す。それが外国語学習の重要な点である。

このように2文以上からなる問題も、基本的には方針は変わらない。

第1文について：
ステップ1〈核文の構成〉

① 〈学ぶ〉：

[you]—〈learn〉—[another language] 【☞ NOTE 13】

② 〈やりとりする〉：

[you]—〈communicate〉
  ↑ └─{with people in a different country} 【☞ NOTE 14】
  can
 (注) ①、②の you は一般人称

LESSON 2

ステップ2〈核文の合成〉

①は②の条件だから、

If you learn another language, you can communicate with people in a different country.

ここで、①を名詞化してみよう。動名詞を用いると、

(Your) learning another language
　　（注）you は一般人称なので省略！

この表現を主語にしてみよう。

　　[S]—〈？？？〉—[you]—〈communicate〉...

この〈？？？〉の部分に入る動詞を考える。「...できるようにする」という意味の動詞は？

Learning another language enables you to communicate with people in a different country. ──(1) 　【enable ☞ NOTE 15】

なんとも華麗な変身をしてしまった。動詞を動名詞に変えるだけでこんなことになってしまう。これが〈核文の変形〉のなせるワザである。今後こうしてできあがった文を VARIATION と呼ぶことにする。

さて、ここで安心してはいけない。第1文はまだ終わってないのだ。

③〈知識〉: **come to know, learn**
　　（注）「知識」は和文では名詞だが、これを英文で「動詞」で表現することには何も問題はない。

[you]—〈learn〉—[？？？]
　　　　　　　↑__{about their culture}

「何を」という情報は知識の量の増加という点から考えて、more を用いる。

You can learn more about their culture. ──(2)
　　　　　　　　　　　　　　　　　　　　　　【more ☞ NOTE 16】

②と③とは and でつなげば十分。ただし、単語の重複に注意し、

You can communicate . . . and learn . . .

第2文について：
ステップ1〈核文の構成〉

①〈学習〉：

[you]—〈learn〉—[another language]
　（注）　第1文の①と同じ！

②〈重要〉：**be important** ⇒ 何が？

[？？？]—〈is〉—[important]

[？？？]の位置には①が入る。したがって①は名詞化しなければならない。

Learning another language is important.　⎫
It is important to learn another language.　⎬── (3)
　　　　　　　　　　　　　　　　　　　　　　　　⎭

次に第1文と第2文との関係を考えてみよう。もちろん、第2文で言われている「外国語学習の重要な点」とは、まさしく第1文で言われていることである。

〈解答例〉

(a) (3)の「理由」を(1)+(2)が示す⇒(3), because (1) and (2).

Learning another[a new, a second] language is important, because it enables you to communicate with people in a different country and learn more about their culture.

　（注）　冒頭の Learning . . . の部分は It is important to learn . . . としてもよい。

(b) (3)の important を名詞 importance にすると、第2文全体は、

the importance of learning . . .

となる。これを利用すると、

If you learn a second language, you can communicate with people in a different country and learn more about their culture. In this lies the importance of learning a second language.

(注) 第2文は倒置文になっている。一般に、時間・空間を表す副詞(それも特定されている)が文頭にやってきて、動詞が「存在」「出現」の意味をもつ自動詞の場合は倒置が起こる、という原則があるが、こうした原則も英作文学習過程で次第に身につくものである。今後も随時こうした原則をテーマにしていく予定である。

解答は他にも可能であるが、ここでは、変形のイメージをかぎとってもらえれば十分である。最後にもう1題、練習してみよう。

演習5

次の和文を少なくとも2通りの英文にせよ。
　太郎が亡くなって、皆ショックを受け、茫然とした。
　　＊茫然とさせる：numb

ステップ1〈核文の構成〉

① 〈亡くなる〉：**die, pass away**

Taro died.

② 〈ショック〉：**be shocked by . . .**

All (of us) were shocked.

③ 〈茫然となる〉：**be numbed**

All were numbed.

ステップ 2 〈核文の合成〉

②と③とは連動しているから and でつなぐ。①は②かつ③の「原因」である。

〈解答例〉

(a) **Because Taro died, all of us were shocked and numbed.**

ステップ 3 〈核文の変形〉

①を名詞化すると、

Taro's dying （動名詞）
Taro's death （名詞）

この名詞を主語にすると、

[Taro's death]—〈？？？〉—[all]

〈解答例〉

(b) **Taro's death shocked and numbed us all.**

このように全く構造の異なる英文が生まれる。

〈参考〉

この問題であれば、様々な形式を組み合わせることによって、さらにいくつかの英文を構成することができる。例えば、all of us を主語にすると、

(c) All of us were shocked and numbed by Taro's death.

また、that 節を用いて①を名詞化し、事態の関係を考えると、

(d) All of us were numbed by the shocking fact that Taro died.

また、「因果関係」を because 以外で表現すると、

(e) The shocking fact that Taro died caused us all to be numbed.
(f) The reason that we all were shocked and numbed was that Taro died.

といった具合に次々と英文が生まれてくる。こうした英文はもちろん文意は同じだが、それぞれ伝える情報構造の点で差異があり、これはどんな文脈の中で表現するかという観点から文体的に選択される。しかし、英作文の問題点としてはどれを選択しても一向に構わないのである。この核文の変形は、実践的場面で非常に効果がある。ある語彙が思いつかないという場合に、この品詞転換による変形の練習を積んでいると、書けない語彙も書けるようになる。

英作文の基本ステップとして、〈核文の構成〉、〈核文の合成〉、〈核文の変形〉という3つを、いわば3種の神器として学んだ。常に、英文構成のステップを考えながら練習を続けていこう。

LESSON 2 NOTES

*1　この表現は、

 1) The policeman could catch him.
 2) He was stealing.

という2文の合成形である。
1)は「その警官を彼を逮捕することができた」、2)は「彼は盗みを働いている最中だった」という文意である。

 3) The policeman could catch him while he was stealing.

という文も、「盗みを働いている最中に逮捕することができた」という文意になり、同じ意味になりそうな感じがするが、厳密には「彼の逮捕の事由」はこの文だけではわからない。警官は彼を逮捕することを目指していたが、たまたま盗みを働いている最中に逮捕できた、という考え方である。その場合、彼は二重の罪を犯したことになる。これはあくまでこの文から想定できる意味内容の1つである。しかし、

 4) The policeman could catch him stealing.

という文になると、「現行犯」という意味に確定する。
 つまり目的補語とは、非常に大きくとらえてみると、

$$S\ catch\ [S'\ be\ldots ing] \rightarrow S\ catch\ [S'\ldots ing]$$

のように、動詞 catch の支配下に目的語とその動作が含まれているものなのである。一方、

　　　　S catch O while S V . . .

の場合は、catch が支配するのは、目的語だけである。(while という接続詞があるだけで、catch と steal という２つの動詞は別々の領域にあり、直接何の関係もない、ということが直感できるのは実は大切な感覚である)

　〈例題〉次の１対の英文の意味はどう違うか？
　　1) I saw her when she was cleaning her room.
　　2) I saw her cleaning her room.

前者は、「私が彼女の姿を見たのは彼女が自分の部屋を掃除している時だった」という文意で、「彼女の姿を見た時はいつか？」という疑問に答える文であるのに対して、後者は、「彼女が自分の部屋の掃除をしているのを見た」という文意で、直接彼女の掃除の様子を目にしたことになる。

＊2　drink という動詞の事態図は、

　　[S]—〈drank〉—[O]

となるはずだ。一般に目的語には「飲み物」が来て当然だが、himself といかにも変である。自分を飲む、なんて実際にありえない。ここでは、「酒を飲む」という意味の drink が「ある作用を自分に及ぼした」ということになる。

　　[He]—〈drank〉—[himself]
　　　　　　　　　[he]—〈got〉—(silly)

という２階建てのイメージが成立する。「酒を飲むこと」が「自分」に「作用」し、結果的に「ぼーっと」なったのである。

　cf. I painted the wall gray.
　　「私は壁に色を塗った＋その結果壁はグレイになった」
　　＝「私は壁をグレイに塗った」

＊3　このように「自動詞」にも「他動詞」にもなる動詞を ergative verbs という。聞き慣れない用語だし、別に覚えなくてもよいが、かなり面白い振る舞いをする動詞群である。

　　⎰ He was slowing his pace.
　　⎱ His pace was slowing.

{ She should have closed her store.
{ Her store should have closed.

というように、上が他動詞、下が自動詞として用いられている。
　代表的な動詞の例は、begin, break, change, close, continue, darken, dry, end, finish, increase, open, shut, slow, start, stop, tear などである。
　他動詞になるか自動詞になるかは、ある事態を「行為者」の視点から語るか「対象」の視点から語るかの違いである。

*4　step by step は副詞句である。他にも one after another「次々と」というように、名詞＋前置詞＋名詞の形で慣用的に用いられる副詞句がある。また、be just (a)round the corner「すぐそこまで来ている」という気のきいた表現もある。

*5　complain について、

　She complained of the room being too hot.
　She complained that the room was too hot.
　　「彼女はその部屋が暑すぎると文句を言った」

このように complain するものを表現するのは、of 名詞句でも that 節でもいずれの形も可能である。しかし、

　I'm certain that she will understand me.
　　「彼女は私のことを理解してくれると確信する」

というように、that 節は前置詞の後におけない、というルールを確認してほしい。ただし、

　We are all equal in that we have 24 hours a day.
　　「1日24時間あるという点では皆平等だ」

という例外もある。

*6　while は2つの事態が同時的に進行しているという関係を示す接続詞。

*7　in spite of ... の ... の位置には、「名詞構文」が来るのが普通。

　We complain of ... → our complaint of ...

このように、文中の動詞が名詞に転換されてできあがるものを「名

詞構文」という。メリットは、動詞の時制や相が決定しにくい場合に「ごまかせる」ということである。

＊8 「きらいがある」という日本語に対応して「...する傾向がある」という意味の be inclined to... が用いられている。incline とは、もともと「傾ける」という意味の動詞である。

＊9 too kind となっているのは、「何でも教える」という行き過ぎの気持ちを出すためである。

＊10 so...that S V... について、

　　Teachers tend to teach their students anything. They are so kind.

という場合に、so は前文で言われている内容に従った「程度」を表す。

＊11 whether/if の使用に際して、以下の点に注意。
if 節を名詞節として用いる場合、

　　a) if...or not という形はない。
　　b) 名詞節としての if 節は主語や補語の位置におけない。

逆に、whether 節はいずれの場合も使えるので便利である。

＊12 remember＋動名詞句という形である。一般に「過去のこと」を動名詞が表すが、having＋p.p. という完了動名詞も使える。

＊13 「外国語」は、foreign languages/another language/a second language などで表す。

＊14 in a different country は形容詞句である。

＊15 enable は他動詞で、「あることができる状態にする」という意味である。また、Learning... と your を省略したのだから、enables you to... の部分の you もできれば消したい人は、

　　Learning another language makes it possible to communicate with people in a different country.

としてもよい。このように、副詞節であった部分を名詞化することによって、文全体はいわゆる SVOC という文型になることが多い。

＊16 more は much の比較級で、名詞的に働いている。

COOKING LESSON 3
基本ステップを応用し、入門メニューに挑戦

塩田丸味吉クンは将来、世界でも十指に入るぐらいのコックになろうという大志を抱いて、ベテランシェフおおた氏のもとに入門した。塩田丸クンは早く一人前になりたいと常々思ってはいるが、おおたシェフはいつも「あわてるな」と彼をたしなめる。おおたシェフは昔ながらのスパルタ式を採用することはなく、合理的に塩田丸クンを育てようと思っていた。そこで編み出した究極の調理法、それが〈おおた流シンプル・クッキング法〉なのだ。LESSON 2で学んだ基本ステップを念頭に置きながら、まず入門メニューに挑戦する塩田丸クン。さて、お手並み拝見といこう。

✗ 味の決め手になる動詞を吟味する

本日のメニュー A

次の和文を英訳せよ。
1. 窓の外を見ると人が歩いているのが見えた。
2. 彼が駅まで車で送ってくれた。

おおた：簡単な料理だけれど、どうだい、そろそろ自分で作ってみるかい？

塩田丸：ボ、僕はこの日を待っていました。もう少し難しくても大丈夫です。見てて下さい。えーと、前回、英作文の基本として

ステップ１〈核文の構成〉、ステップ２〈核文の合成〉、ステップ３〈核文の変形〉という３つの直伝の調理方法を習いました。

おおた：じゃあ、まずステップ１をやってみたまえ。

塩田丸：はい。まず１. からとりかかります。ステップ１〈核文の構成〉は、和文中の動詞、もしくは動詞となりえる語の事態図を書くことから始めるんでしたね。

① ［？？？］—〈見る〉—［窓の外］
② ［？？？］—〈見えた〉—［人が歩いている］

おおた：ちょっと待って。

塩田丸：えっ？　もうだめなんですか。

おおた：君は何のために図を作ったんだ？

塩田丸：？？？

おおた：目的もわからずに書いたのか。いいか、あくまで「英文」という料理を人さまにお出しするためだ。「英文」の recipe はそれなりに守らなきゃ。いくら高いサカナを買ってきても、その質の良し悪しを識別する目がなければ、まず人に出せる料理など作れないよ。

塩田丸：？？？

おおた：何ぼんやりしているんだね。英文の基本構造は？

塩田丸：SV 型、SVC 型、SVO 型です。

おおた：よろしい。とすれば、②の図は何型なのかね？

塩田丸：そうか！

② ［？？？］—〈見えた〉—｛［人］—〈歩いている〉｝

おおた：動詞のところに始めから〈見えた〉とか〈歩いている〉といった相（アスペクト）までそえないほうがよい。材料１つ１つに調味料をふりかけてしまうようなものだ。それから、［？？？］のままになっている主語はどうするのかね？

塩田丸：［Ｉ］にしようと思います。

おおた：よろしい。めんどうだけど、もう１度図を作りなさい。今度

LESSON 3

　　　　　は英語の単語にしなさい。
塩田丸：はい。

　① [I]—〈see〉—[the outside of the window]
　② [I]—〈see〉—[people walk]

おおた：〈see〉とはどんな意味だい？
塩田丸：「見る」ですけれど...。
おおた：そういう態度では腕は上がらないね。では、I looked up at the sky. という英文はどういう意味になる？
塩田丸：「私は空を見た」です。
おおた：そらみたことか!! 〈see〉と〈look at〉との違いを言ってみなさい！
塩田丸：？？？
おおた：前にも言ったように、動詞が英文の命なんだ。その動詞がはっきりしないようでは、料理する資格などない！ だいたいのイメージは、

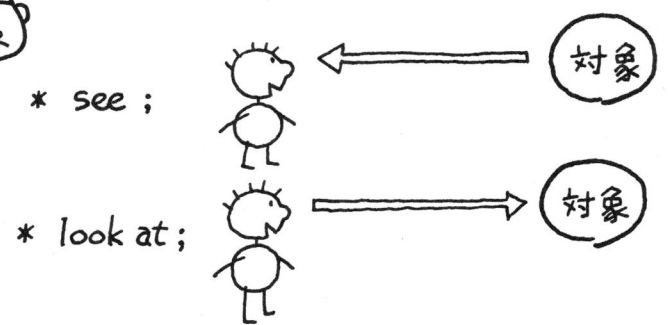

* see ;　　　　〇 ⇐ 対象

* look at ;　　〇 ⇒ 対象

となる。
塩田丸：...絵がお上手ですね。
おおた：うるさい！ look は「視線を向ける」というイメージを基本とし、後ろにいろいろな前置詞や副詞を従えて、その「視線の方向」を表すのだ。

　e.g. I looked *up* at the sky. 「...を見上げた」
　　　　　　〈上方〉

She looked *down* **on me.** 「...を見下げた」
　　　　　〈下方〉　　　　（⇒「...を軽べつした」）

それから、the outside of the window とは何だ？「窓」に「外側」と「内側」があるのか。

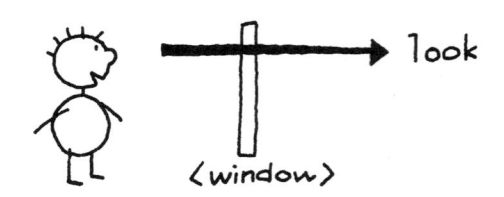

これはどう表現できる？

塩田丸：look through ... です。
おおた：よろしい。それから図を書く際に、「過去形」なり「進行形」なりにできるものはしておいていいが、①と②と2つ「事態」がある場合なら①、②それぞれが「今、起こっていること」なのか、「かつて起こったこと」なのか、正確に判定するクセを身につけなさい。まず①を完成しなさい。
塩田丸：はい。こうでしょうか。

① **I looked through the window.**

おおた：よろしい。では②を完成しなさい。
塩田丸：I looked ［？？？］
おおた：「視線」を何かに向ければ、「目に入る」だろ。今度は see でいいんだ。
塩田丸：see ですか。では、こうなりますね。

② **I saw that people walked.**

おおた：だめだめ、see が that 節を従えた場合は意味が変わってしまう。前の LESSON で see の用法を辞書で確認しておくように言っただろう。「知覚・感覚」動詞として用いる場合は、see＋O＋原形/〜ing となり、ここは〜ing 形を採用する。

LESSON 3

塩田丸：はい、こうですね。

　② I saw people walking.

おおた：よろしい。では①と②をステップ２によって合成しなさい。
塩田丸：はい。まず簡単な and でよろしいですか？
おおた：君にはそのほうがよい。
塩田丸：では、いきます。

　①＋② I looked through the window and I saw people walking.

おおた：そのⅠのくり返し、何とかならんかね。
塩田丸：あい！　では、後のⅠをとります。

A-1

> I looked through the window and saw people walking.

おおた：よろしい。では２．だ。
塩田丸：今度はしっかりやります。えーと、まず動詞は、〈送って〉と〈くれた〉ですね。
おおた：「何をくれた」のかね？
塩田丸：えーと...？？？
おおた：日本語の文法で「補助動詞」と呼ばれる用法があるが、「くれる」とか「あげる」はそれにあたるものだ。「送る」という行為が私に与えられたことだ。いずれにせよ日本語を知らないと料理はムリだよ。
塩田丸：すると「くれた」はムシして、

```
[he] ―〈 ? 〉―[me]
           ├ {to the station}
           └ {in his car}
```

となり、「送る」は別に私は郵便物じゃないから、「連れていく」という意味の take でいいですね。

おおた：そう。

塩田丸：では、できました。これでどうです？

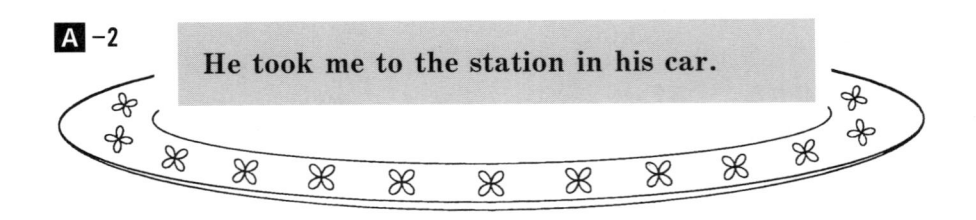

A-2　He took me to the station in his car.

おおた：よし。合格だ。

✗ 動詞別の文パターンを考えてみる

塩田丸クンとおおたシェフのやりとりを楽しそうに見ていたのが油小路料介クン。塩田丸クンの先輩である。おおたシェフの教えを受け、はや３年になり、そこそこの料理は自力でできるようになっている。おおたシェフは油小路クンのほうを向き、「どうだい、久しぶりに君の料理を味わわせてくれないか」ともちかけた。油小路クンは塩田丸クンに対する先輩風もあって快く引き受ける。油小路クンのプラス α の実力を見せてもらおう。

本日のメニュー **B**

次の和文を英訳せよ。

　教育というものは、出世や富のためでなく、人間１人１人の個性の発見と発展のためだという意見に、私は賛成だ。　　〈日本女子大〉

LESSON 3

油小路：塩田丸クン、どう？　これ難しい？
塩田丸：いえ、先輩ならやさしいでしょう。
油小路：いや、結構難しいんだ。
おおた：さすがに油小路クンだね。これは結構難しいよ。3つのステップを駆使しないといけないよ。
油小路：塩田丸クン、君も手伝ってくれ。まず動詞もしくは動詞となりえる語を切り取ってくれ。
塩田丸：①〈教育〉、②〈出世〉、③〈富〉、④〈発見〉、⑤〈発展〉、⑥〈意見〉、⑦〈賛成〉です。
油小路：何だ、漢字表現を集めた感じだな。
塩田丸：おおた先生直伝です。
油小路：うん、それでいいんだ。最初は言われた通りにすること、これが肝心。
おおた：油小路クン、①から⑤までの動詞をさばいてみてくれ。
油小路：はい。

① 〈教育〉 ⇒ 常識的に「子供」の教育とする。
   We educate children.

② 〈出世〉 ＝「出世する」
   **They (＝children) { rise in the world.
                          succeed in life.**

③ 〈富〉 ＝「金持ちである」
   They are rich.

④ 〈発見〉 ⇒ 何を？ ＝「子供1人1人の個性」
   We discover each child's personality[character].

⑤ 〈発展〉 ⇒ 何を？ ＝「同上」
   We develop each child's personality[character].

おおた：①、④、⑤は we が主語で、②、③は they が主語となっているが、これらをどう合成するつもりだい？

油小路：we の観点から眺めてみると、

$$②+③\ [we]—\langle?\rangle—[they] \begin{cases} \langle rise \rangle \\ \quad\uparrow \quad \{in\ the\ world\} \\ \langle are \rangle — (rich) \end{cases}$$

となり、このパターンは SV [S′ V′...] 型で、V′ に原形（be は消去）の形になります。そこで使役動詞 make でつなげば完全です。

おおた：ふむ。では料理してみて。

油小路：はい。①を when 節にし、②と③を合成したものを主節にし、さらに④と⑤を合成したものを、〈not A, but B〉の関係でつなぎます。

When we educate children, we should not make them rise in the world and rich, but discover and develop each child's personality.

おおた：ふむふむ...ちょっとケチをつけていいかい？

油小路：はい。

おおた：make them rise... の部分だが、これは「使役」関係でいいのかね。それに、rise と rich が共通関係を形成すると、ポタージュにみそを入れるようなもので、食べても死なないだろうが、たまったもんじゃないよ。これは「くびき語法」と言って、修辞学上は誤りとされている。make them rise ...and help them to become rich とするなら OK だ。それより、make の代わりに equip を使ってごらん。

油小路：なるほど。

We should not equip them to rise in the world and to be rich.　　　　　　　　　　　【equip ☞ NOTE 1】

おおた：うん。しかし、should not【☞ NOTE 2】ということだろうか。別にそういう事態が起こっても仕方がないんじゃないか。あくまでそれが主たる目的でないということだ。「目的」という概念をキミ、どう表現する？

油小路：to 不定詞、aim という動詞、あるいは purpose や aim といった名詞です。

おおた：じゃ、簡単なやつで。

油小路：はい。えーと？？？

塩田丸：．．．（先輩がきたえられているところを恐れと感動の目でみつめたまま無言）

おおた：実は最初から教育の対象を子供にしぼりこむことにも、少し抵抗を感じてはいる。The main purpose of education を主語にしてごらん。子供は a person と一般化してね。

油小路：はい。

The main purpose of education is not to equip a person to rise in the world and to be rich, but to discover and develop each person's character.

【to . . . and to . . . ☞ NOTE 3】

おおた：まあ、なんとか食べられそうだ。be 動詞の補語【☞ NOTE 4】の位置に不定詞を用いたところは大変よろしい。もう少し簡潔にすると、

Education should not be to make a person prominent and wealthy, but to discover and develop the individual's personality.

【prominent ☞ NOTE 5】

となるね。塩田丸クン、⑥〈意見〉を文で表現してみなさい。

塩田丸：「言う」ということでいいですね。Some people say [that . . .]. ではどうでしょうか。

おおた：よろしい。では、⑦〈賛成〉は？

塩田丸：I agree with 〜 です。

おおた：〜の部分はどうする？
塩田丸：this opinion とします。
おおた：よろしい。全体を完成しなさい。
塩田丸：はい。

B

> Some people say that education should not be to make a person prominent and rich, but to discover and develop each person's character. I agree with this opinion.

おおた：よかろう。さらに、全体を I agree with the view that .... とするのも手だ。では、もう1品挑戦してみよう。これは私がお手本を見せよう。

本日のメニュー **C**

次の和文を与えられた動詞を用いて英文にせよ。
1. 誰もが彼の無実を信じた。(believe)
2. 太郎は母親を口説いて新しい自転車を買ってもらった。(persuade)
3. 彼がしくじったので我々はがっかりした。(make)
4. 彼女がレインコートを着て外出するのを見た人がいる。(see)
5. この地図ではブリテン諸島(the British Isles)が赤くぬられている。

おおた：まず1.からだ。例によって、「彼の無実」を文構造で表現すると、

① he is innocent.

となる。これを、S believe...【☞ NOTE 6】に組み込む。〈信じた〉が過去形なので、時制の一致が起こって is が was になるから要注意だ。

All the people believed that he was innocent.
＝All the people believed him to be innocent.
＝All the people believed him innocent.

　2. の persuade は、ある人にある行為を「説得してさせる」という含意では、

a. S persuade (S′ 目的格) to (V′) (X′).
b. S persuade O [that (S′) should (V′) (X′)]

となり、どちらもその説得が成功したことを含意する。ここでは、「説得」の相手は「母親」であることに注意してほしい。まず「自転車」を買ったのは母親であるから、

She bought him a new bicycle.

これを、a. か b. のパターンに組み込むと、

Taro persuaded his mother to buy a new bicycle.
＝Taro persuaded his mother that she should buy him a new bicycle.

　3. に行ってみよう。まず「彼がしくじった」の部分を、

① **He failed.**

とする。次に「がっかりした」の部分を、

② **We were depressed.**

とする。①が〈原因〉で②という〈結果〉が生じたわけだから、

[S]—⟨make⟩—[S'(目的格) V' X']
⟨原因⟩ ⟨作る⟩   ⟨結果⟩
                    { 原形
                      be は一般に消去 }

というパターンにあてはめる。[S]の位置は that 節にすることも考えられるが、his failure と名詞化できれば、なおグッド。[S' V' X']のS'は目的格になり、V'は be 動詞なので消去される。すると、できあがりは次の通り。

His failure made us depressed.

4. ではまず、①⟨着る⟩、②⟨外出する⟩という2つの動詞に注目して、

① **She wore a raincoat.**
② **She went out.**

とする。この①と②を次のように合成することができる。

She went out wearing a raincoat.　【wearing ☞ NOTE 7】

さらにこれを、Someone saw... に組み込むと、

Someone saw her going out wearing a raincoat.

5. に行くぞ。⟨ぬる⟩は paint か color を使ってみよう。
この種の動詞は、その行為の結果の状態を補語で表現する。

He kicked the door <u>open</u>.
　　　　　　　　　　⇧
　　　　「ドアをけった結果の状態」

というわけで全体を受動態にすると、答えは次の通りだ。

In this map, the British Isles are painted[colored] red.

おおた：核文の基本構造をSVXとすると、塩田丸クンや油小路クンの格闘にも登場したSV[S′V′X′]という構造パターンが考えられる。このパターンは、以下のような表現形になる。

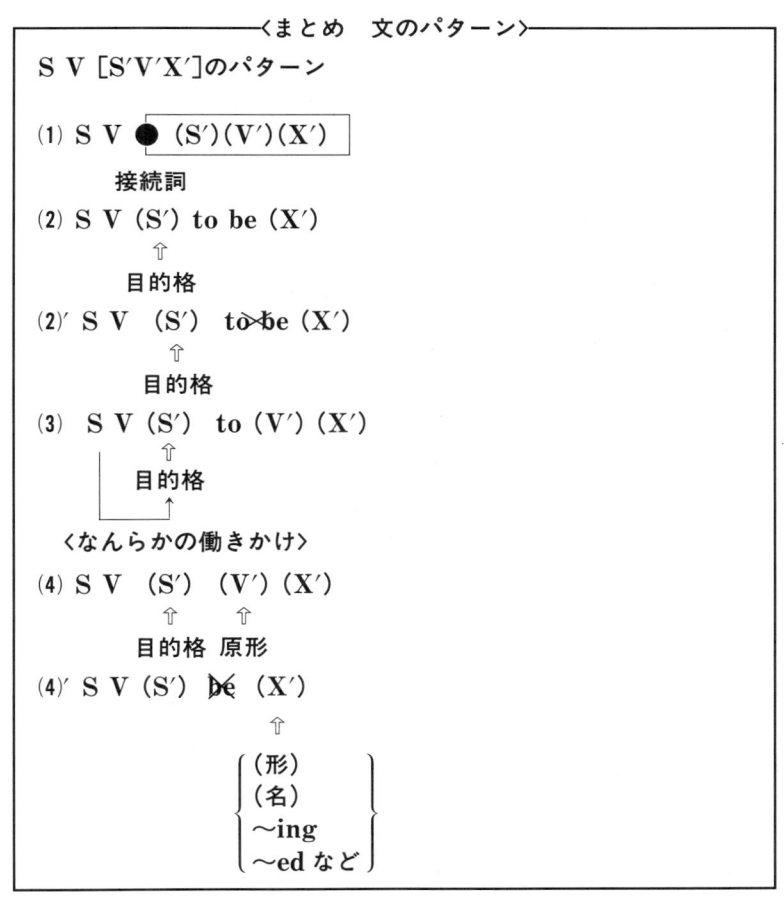

───〈まとめ　文のパターン〉───

S V [S′V′X′]のパターン

(1) S V ■ (S′)(V′)(X′)
　　　　接続詞

(2) S V (S′) to be (X′)
　　　　　↑
　　　　目的格

(2)′ S V (S′) ~~to be~~ (X′)
　　　　　↑
　　　　目的格

(3) S V (S′) to (V′)(X′)
　　　　　↑
　　　　目的格
　〈なんらかの働きかけ〉

(4) S V (S′)(V′)(X′)
　　　　　↑　↑
　　　　目的格　原形

(4)′ S V (S′) ~~be~~ (X′)
　　　　　　　　↑
　　　　　　　⎧(形)⎫
　　　　　　　⎨(名)⎬
　　　　　　　⎩〜ing⎭
　　　　　　　　〜ed など

おおた：こうしたパターンを頭の中に入れておくべきである。それぞれのパターンは、述語動詞の個性によって決まる以上、個別の表現は、動詞を覚える時にじっくりと研究し、覚えてしまうことだ。わかったかな？

塩田丸：はい。

LESSON 3 NOTES

*1　equip は、もともと「船出の準備をする」ということ。

I'm not equipped to be a teacher.
「僕は教師になる実力がない」

このように、S equip O to . . . /S be equipped to . . . と不定詞を従えることができる。

*2　should not にすると、「. . .を差し控えよ」という感じになる。将来出世する子供がいてもそれはそれでかまわないのではないか、ということである。

*3　このように、to . . . and to . . . にすると、「出世すること」と「金持ちになること」は別々のことになる。関連があれば、to . . . and . . . としたほうがよい。

*4　「目的」という意味の名詞を主語にした場合、「. . .すること」という補語は不定詞にする。

*5　prominent＝「目立った・卓越した」といった意味の形容詞。

*6　believe がとる以下の3つの形式のニュアンスの違いを英作文の解答として問うことはない、と考えて差し支えない。

　　a) S believe that . . .　「S が推論して信ずる」
　　b) S believe O to be . . .　「人から聞いてそう信ずる」
　　c) S believe O C　「S 自身の経験から信ずる」

*7　この分詞の使い方は難しいかもしれない。

He sat in the terminal *waiting for the plane to depart*.

この例文からわかることは、「椅子に腰掛けること」と「飛行機を待つこと」が同時に同一の人物によってなされた、ということである。

COOKING LESSON 4
ベテランシェフの秘伝を伝授

ベテランシェフおおた氏がこれまで塩田丸クンに授けたのは、あくまで料理のための基本ステップであった。それを何度も使っていれば、段々と身体の一部となり、一流シェフへの道に入るパスポートを手に入れられる。この LESSON では、基本ステップの 3 番め〈核文の変形〉という技をさらに磨いていく。これはすでに説明したとおり、同じ材料でも調理法によって、いろいろな趣向の料理ができるという超スグレ技なのである。さあ、今日も厳しい修行が始まる。

✕ 文の名詞化

おおた：地球環境を見渡した場合、資源は常に有限、ひいては、宇宙の有限性を感じずにはいられないな。
塩田丸：どうかしたんですか？　突然。
おおた：いや、ひとり言だ。
塩田丸：いつもひとり言の料理ではだめだとおっしゃっているではありませんか。
おおた：...それはともかく今日から秘伝を伝授する！
塩田丸：は、はい。
おおた：次の演習、さっそく料理しなさい。

本日のメニュー A

次の和文を英訳せよ。
　睡眠は食事と共に健康を維持するのにもっとも大切なものだが、どちらも適当にとることはなかなか難しいものである。　　〈慶応大〉

おおた：さっそく、核文を作ってもらおうか。
塩田丸：はい。動詞として、〈睡眠〉、〈食事〉という名詞をとらえます。

① 〈食事〉＝「食べる」⇒だれが？＝「我々」と考える。

We eat.

② 〈睡眠〉＝「眠る」

We sleep.

おおた：よろしい。③〈維持する〉をやさしい動詞 keep を用いて料理しなさい。
塩田丸：はい。

③ **We keep our health.**
　We keep ourselves in good health.

おおた：調子いいね。辞書はどんどん使うべし。では、④〈もっとも大切である〉を SVC という形式で料理しなさい。
塩田丸：はい。

④ [? ? ?] is the most important thing.

おおた：なんだか、スイスイ来てしまっておかしな気がするね。地道な努力の跡を感じるよ。その調子だ。さて、④の[? ? ?]ではお客様には出せないね。そこで、①を利用して、なんとか[? ? ?]の位置に入れてごらん。この操作を〈核文の変形〉と

LESSON 4

　　　　　呼ぶのだよ。
塩田丸：今日はなんだか格調が高いですね。身が引き締まる思いがします。しかし、突然「変形」と言われても．．．。
おおた：もうすでに教えてあるだろう。
塩田丸：はい、もちろん。しかし．．．。
おおた：復習は大切だと何度も言っているだろう。まあいい、[？？？]の位置は主語であるから、要するに「名詞」として働くことができる形式に①を直すんだ。「名詞」として働く形式にはどんなものがある？
塩田丸：はい、名詞節、名詞句です。
おおた：もう少し具体的に。そうだな、まず不定詞と動名詞にしてごらん。
塩田丸：不定詞と動名詞がどう違うのかよくわかりません。
おおた：そんなことはまだ気にしなくていい。
塩田丸：はい。

　　　不定詞句：**for us to eat**
　　　動名詞句：**our eating**

おおた：その場合、us や our はどんな意味かね。
塩田丸：「我々」という意味ですけど．．．？？？
おおた：例えば、私と君だって「我々」だし、もっと一般に「我々」という時もあるだろう。次のように整理する。

　a. 特定の「我々」：ある状況なり場面で特定された人たち。
　b. 不特定の「我々」：いわゆる一般人称のこと。

塩田丸：するとここでは、b. の「我々」にしないとおかしいですね。特定の我々だけ食べたら変です。
おおた：そのとおり。②も同じことになるから、①と②を[？？？]の中に入れなさい。
塩田丸：はい。

To sleep and to eat is the most important thing.

ここで、共通関係をも意識しまして、

To sleep and eat is the most important thing.

これでできあがり。

おおた：ばかもーん。こんなもん食えるか！　まず、eat and sleepと1つにくくってしまうと、「睡眠と食事」が1つの行為、もしくは一連の行為のように読める。常識的には別々にする行為だろう。③はどうつなぐつもりかい？

塩田丸：すみません。いつも食べた後にすぐ寝たり、起きた後すぐ食べたりしているもんで。やせ細ったシェフでは貫禄もないと思いまして。③はもちろん不定詞にします。to...あるいはin order to...という形にして。

おおた：すると、To...is...to...となる。to不定詞というのは、ある時点からの未来の時点で起こる事象を表すのが基本だ。

e.g. To attain success in science, you must work together with other scientists.
「科学の世界で成功するには他の科学者と共同で研究する必要がある」

　ここでも、「成功する」のは未来のある時点で起こる事象だ。要するに、不定詞は具体的な場面で起こる事象を表す。この問題では、未来のある時点というよりも、いつということはなく起こる事象だと考えるほうがよい。先ほど「まだ気にしなくていい」と言ったことだが、もうわかっただろう。こういう場合は「動名詞句」がふさわしいんだ。

塩田丸：でも、sleeping and eatingとしたら先ほどの問題が出てきます。

おおた：動詞を複数で表せばすむし、それでも気になったら、文頭に

LESSON 4

Both... を味付けで添えておく。
すると、

Both sleeping and eating are the most important things for keeping our health. 【☞ NOTE 1】

となる。さらに、for 以下を名詞化すると一層一般性が高まる。

...... for the maintenance of our health.

といった具合だ。

じゃ、後半は全部君が料理したまえ。

塩田丸：はい。「適当にとること」は今のお話だと、不定詞と名詞のどちらがいいのかしら。毎日毎日のことだけれど、difficult を使いたいし、これは、1回1回の行為が困難と考えるのがいいような気がする。つまり、不定詞がいい...。

It is very difficult to take [？？？] of them in moderation. 【in moderation ☞ NOTE 2】

「どちらも」がわかりません。

おおた：うん。either だよ。よく考えたね...涙が出てきた。

塩田丸：落ち着いて下さい。では、まとめます。

B

Both sleeping and eating are the most important things for keeping our health, but it is very difficult to take either of them in moderation.

となりました。

✖ ちょっとした工夫で華麗な変身

　油小路クンが登場、というより、今回もこの麗しい師弟関係を傍らから眺め、もらい泣きをした。

　　　油小路：先生、今日は私の研鑽の跡をゆっくりご覧ください。お疲れのようですから。

🏳 本日のメニュー B

次の和文を英訳せよ。
　芸術の機能の1つは時間の流れを停止させることだ。移り行く感情や情景を捉えて、それを永久に定着させる絵画がなかったならば、人生は索漠たるものになると言われてきた。　　　　　〈都立大〉(一部略)

　　　おおた：相当難しいね、これは。
　　　油小路：はい。しかし、料理法は同じです。

和文第1文：

　　① 〈流れ〉＝「流れる」

　　Time passes [flows].

　　② 〈停止〉＝「止める」

　　Art stops ...
　　　　(Vt)

①と②を合成⇒②の ... の位置に①を変形して埋め込む。

　　①＋② **Art stops time from passing.**
　　　　⇒ **Art stops the passage of time.**　　【☞ NOTE 3】

これを、one of the functions of art is ... に埋め込む。

　　One of the functions of art is to stop the passage of

time.

和文第2文：

① 〈捉える〉：arrest を用いる。
② 〈定着〉：fix を用いる。

Paintings arrest and fix emotions or scenes for all eternity.

③ 〈移り行く〉：pass か fleet を用い、①の「感情や情景」につなぐ工夫をする。ここで、高度な名詞化変形を利用する【☞ NOTE 4】。

Emotions or scenes are fleeting from moment to moment.
⇒ **the emotions or scenes which are fleeting from moment to moment**

④ 〈ないならば〉：if it were not for... を用いる。この for の後に①を入れるには③と同じ名詞化変形を用いる。ゆえに、

If it were not for the paintings which arrest and fix for all eternity the emotions or scenes which are fleeting from moment to moment, ...　　　　【☞ NOTE 5】

と条件節が完成する。

おおた：待って。見事な流れ作業だ。実に見事だ。でも、フルコースにしては、第1文と第2文に断絶感がありはしないか。芸術と機能をあらたまった形で言っておきながら、突然仮定の話を始めてしまうこと、それと、④の条件節内に関係詞が2つも存在すること、これらをなんとかしないと....。

油小路：おっしゃっていることの意味が測りかねますが...。

おおた：うん。つまり、絵画は芸術の一例だということさ。さらに、時の流れを停止するという抽象的な事柄を感情や情景を捉え

ると具体化しているところを、なんとか工夫できないかということさ。

塩田丸：？？？

油小路：そうか、第1文と第2文の前半をつなぐんですね。「例えば、...」という感じで。

.........; paintings, for example, arrest and fix for all eternity the emotions or scenes which are fleeting from moment to moment.

となります。

おおた：飲み込みが早いね。ただ、絵画は一般にそうかね。そうともとれるかもしれないが、some paintings... としたらどうかね【☞ NOTE 6】。

油小路：はい。では第2文後半に行きます。

⑤〈索漠〉：be desolate [dreary]

Life would be desolate.

⑥〈...と言われてきた〉：

It has been said that...

④と⑤を合成し、

⑤+⑥ It has been said that life would be desolate...

となります。これに条件をつければよいですね。

without those paintings [them]

で十分でしょう。

塩田丸：先輩、仮定法ですよ(と耳打ちをする)。has been said ではいけませんよ。

油小路：イヤ、これでいいんだ。「言われてきた」のは事実だから。

おおた：塩田丸クン、仮定法はまた今度教えてやろう。とにかく、油小路クン、この２品並べてお客さんに鑑賞してもらいなさい。

油小路：はい。

B

One of the functions of art is to stop the passage of time; some paintings, for example, arrest and fix for all eternity the emotions or scenes which are fleeting from moment to moment. Without those paintings, it has been said, life would be desolate.

油小路：もう１つ、こういうのも作れます。

B′

One function of art is to stop the flow of time. If it were not for the paintings which arrest and fix eternally fleeting emotions or scenes, our life would, it has been said, be quite dreary.

おおた：よろしい。少し細かな問題だが、仮定法のからみで、arrest and fix の部分を、前出の If it were not... に合わせて、arrested and fixed と過去形にする人もいる。これは、私にも意見があって、この場合は君の書いたままでよいと思う。

なぜなら、これは事実だから。もし、こうした鬱陶しい問題を回避したければ、

the paintings which are to arrest and fix
⇒ **the paintings to arrest and fix**　　　【☞ NOTE 7】

とする手もあるね。

✗ まとめ

今回は〈核文の変形〉の中でも「名詞化」という操作を取り上げた。この話は次回も続くが、ここで簡単にまとめておく。

〈まとめ　文の名詞化〉

(1)　SVX ⇒ { that / whether [if] / 疑問詞 } SVX

That human beings are nothing without education is taken for granted.
　「教育を受けなければ人はつまらないものになるということは当然のことと思われている」

(2)　SVX ⇒ for S to V X

It is difficult for John to be punctual.
　「ジョンはなかなか時間が守れない」

(3)　SVX ⇒ S('s) V-ing X

The fact of children('s) learning to speak is mysterious.
　「子供が言葉を話すようになるということは神秘的である」

以上が基本的な変形である。これに、いわゆる名詞構文、関係詞節の利用といった上級の変形を加えることができるが、これは次回の課題とする。

LESSON 4 NOTES

＊1　to keep... を for keeping... にして、動名詞で統一したわけだ。

＊2　in moderation は「適度に」という意味。

＊3　S stop O from ...ing.「Oが...するのをSが阻む」

＊4　ここでいう高度な名詞化変形とは、核文を関係節化する変形のことである。

　　Emotions or scenes are fleeting from...
　　　　　⇩
　　先行詞＋[　　　] are fleeting from moment to moment.
　　　　　　　⇧
　　　　　　which

この場合、先行詞の前に、the/that/those などをつけるかどうかは、英作文では大きな問題ではない、と一応しておけばよい。

＊5　ここで、

　　...arrest and fix for all eternity the emotions...
　　　　Vt　　 Vt　　　　M　　　　　　 O

と、副詞句(M)を動詞に近い位置に置いたのは、目的語に関係節があるからである。

＊6　some paintings とすると、「絵画の一部」ということになる。

＊7　いわゆる形容詞的用法の不定詞の一形式である。また、この部分でシェフが気にしている仮定法の問題とはどういうことだろうか。

　　The student who *studied* linguistics *would* be employed.

この場合の、studied という過去形の形に関する問題である。would が仮定法過去形であることはわかるだろう。「(ひょっとしたら)...だろう」ということで、will より、現実化する可能性が低い、という前提で語る場合に用いられる。

　　　　　　　would be employed
　　　　　　　／　　　　　　　　　過去形にせよ！
　　　a student ＋he or she studied
　　　　　　　　　　who

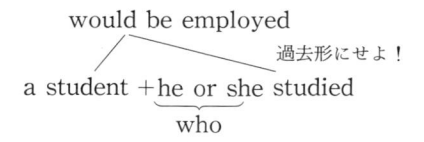

というイメージになる。上の図のように仮定法がまさに法として支

配するという点が大切。

If a student studied linguistics, he or she would be employed.

と同義である。この点については、次の LESSON を参照。

COOKING LESSON 5
複雑なフルコースも単品の組み合わせ

✕ 論理的であることとは？

〜ベテランシェフの演説 その１〜

おおた：考えてみれば、論理というものは、少なくとも２項間の関係を知的に考察することではないのか、という実に素朴な事柄に最近私は拘泥するようになっております。例えば、ある話者が伝えたい情報として、

① We will employ the student.
② The student can speak two languages.

という２つの事態をもっているとしましょう。そのもっとも原始的な論理とは、①と②の事態が両立する〈and 関係〉と対立する〈but 関係〉の２つであります。これを「原始論理」とでも名づけておきましょう。

一般の人の料理は、この原始論理で十分なところをミョーに複雑化してしまい、結局食べられない代物になっていることが多いのです。原始論理は素朴ではあるが、その応用範囲は実に広いわけです。例えば、

③ The student can speak two languages **and** we will employ him (or her).
「その学生は２ヵ国語話せるから彼を採用するつもりだ」

というように、andで結合するだけで、「因果」関係を表現することも可能なのであります。ここでは、theという定冠詞がすでに文脈的に特定されているものとして考えると、②の事態は「事実」を表現していることになるのです。一般に「事実」を踏まえてある事態を関係づけると、「因果」関係(これには「理由」も含めます)が成立することになります。これをさらに、

④ **Since**[**Because**] the student can speak two languages, we will employ him.

としても、

⑤ We will employ the student**, who** can speak two languages.

としても、文意に概念的な差はないのであります。
そこでこう整理することができます。

―――――〈文の構造パターン〉―――――
(1) SVX：核文とする。
(2) SVX and [but] SVX
(3) SVX, SVX

(3)のパターンについてもう少し丁寧に整理してみましょう。上の英文で「その学生」と特定されていない場合を考えてみます。すると、「2ヵ国語話せること」が「我々の雇用条件」と考えることができるわけですから、

⑥ We will employ a student **if** he or she can speak two languages.

さらに、

⑦ We will employ a student **who** can speak two languages.

を得ることができます。驚くべきことかもしれませんが、関係詞節を利用しても文意は変わらないのです。つまり、2つの事態を if で結合しようが、who で結合しようが、この2つの事態は「条件―帰結」の論理で結合するのがジョーシキなのであります。このパターンを、

(3)′ SVXSVX

とします。(3)との違いは句読点の有無であります。一般に句読点は文章表現上、**「等位接続詞」の代用**という意識をもっていれば十分です。ということは(3)は(2)と比べて関係が曖昧に表現されていることになるわけです。それぞれのパターンに一定の解釈の枠組みを提供しておきましょう。

(3)：SVX、そして/しかし/というのも/あるいは SVX.
(3)′：SVX であるわけだが、SVX.

　　(注)　読解上(3)と(3)′の差異を意識するのは上級者向きであろう。

　さらに、従属節を視覚的にも従属する位置に置いてみましょう。

⑧ The student, if he can speak two languages, will be employed.

この if he という部分を who という関係詞にすると、

⑨ The student, who can speak two languages, will be employed.

となる。who の前にカンマがあるのは、the がすでに文脈的に規定済みの場合であり、カンマを置かないと the は who 以下の節を後方照応します。このパターンを、

(3)″：S[SVX]VX

としましょう。これが、基本的な複文構造であり、このほかに、倒置、否定、比較構文(省略構文)といった個別現象を押さえておけば、十分英文は読めるし、書けるのであります。いくつも例文を覚えるという作業は、一般的形式のものに集約させない限り、時間の無駄だし、知性の名を汚すものにすぎません。根本的に単純な構造をもってこそ、円滑なコミュニケーションもできる、というものであります。ご清聴ありがとうございました。(パチパチパチ)

✗ 複雑な事態も組み合わせ次第

塩田丸：今回はものすごい演説でしたね、先生。副詞節も関係詞節もどの位置で利用するかで、全体における意味の位置づけができるなんて、初めて聞きました。先生、これはすごいお話ですよ。世間では、いっぱいレシピーが出回っていますが、みんなこけおどしってわけですね。私の理解する限り、構文のパターンは大きくいって２つ、いや考えてみれば、２つの事態は左右に並ぶしかないから、先生１つですよね。

おおた：まあ、そういうことだ。もちろん、注意すべき例外もある。単純な話、上下には盛りつけできないってことさ。あとは、節から句への変形を練習しておけば、形式的に悩むことは全くなくなり、材料である語彙の吟味に時間をかければいいことになるよ。

でも、いくら動詞を和文中から探せても、それが正しく英語の表現になるためには、自動詞・他動詞といった区別、補語をとるかどうかといった知識が必要となってくる。しかし、これは常に辞書によって確認する習慣さえ身についていれば、さほど心配する必要はないんだ。例えば、次のような問題も、動詞の知識によって正解が得られる。さっそく、やってみよう。

LESSON 5

本日のメニュー A

次の単語を並べ変えて正しい英文にしなさい。
1. from, him, illness, prevented, coming
2. had, repaired, I, my, by, bicycle, my father

おおた：塩田丸クン、これくらい朝飯前だろう。やってごらん。
塩田丸：ハイ。

1. について：
   動詞は？→ prevented
   主語になる名詞は？→ illness

A-1

Illness prevented him from coming.
「病気のために彼は来られなかった」

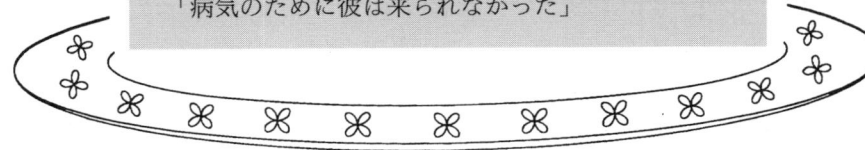

おおた：ここで必要とされるのは、S prevent O from ～ing... という表現の知識だね。では次。
塩田丸：ハイ、行きます。

2. について：
   動詞は？→ repaired

   とすると、had と重ねて過去完了形にする？ すると by my father があまってしまうから...。アレ？
おおた：そう、ここでは S have O p.p. という表現の知識が必要なんだ。
塩田丸：あ、そうか！ こうですね。

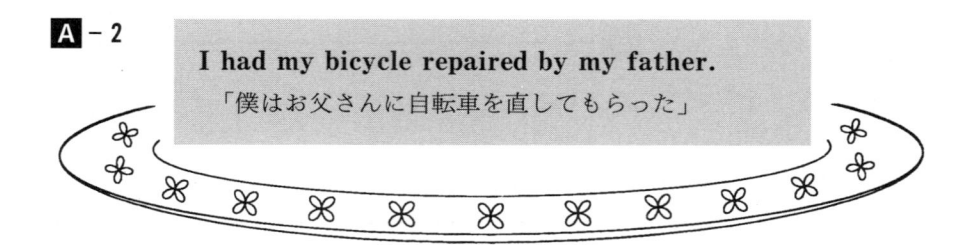

A-2

I had my bicycle repaired by my father.
「僕はお父さんに自転車を直してもらった」

本日のメニュー B

次の4つの英文の内容を1つの英文にまとめなさい。
① John's house was destroyed.
② A hurricane did it.
③ The house was located near the lake.
④ John had to move into town.　　　　〈名大〉(改題)

おおた：基本文型に注意して核文ができたら、次はそれをつなぎ合わせる仕事がステップ2である。Bのような本格的な入試問題で練習してみよう。この問題は、まさしく核文の合成を問題にしたものであるぞ。
　さて核文の合成に関しては、今後次の(1)～(4)のような方針で段階を考えることにしよう。

(1) 等位接続詞(and, or, but など)を用いる。
(2) 従属接続詞を用いる。
(3) 関係詞を用いる。
(4) 核文を名詞句に変形する。

　(1)～(4)を順番に説明していこう。まず(1)の等位接続詞を用いるというのが一番簡単である。文体として稚拙とかいう人もいるが、間違いでない以上は正解なのだ(あたりまえか)。和文から切り取った核文という材料をつなぎ合わせる

LESSON 5

のに、ややこしいものを使わなくてもよい。いわば、これははさみと糊の英作文といったところじゃな。さて、この段階で問題を解いてみなさい。

塩田丸：ハイ。まず、②の文の did it は destroyed John's house のことです。

A hurricane destroyed John's house.
＝John's house was destroyed by a hurricane.

次に、③の文「ジョンの家はその湖のそばにあった」という情報は「台風によって破壊された」という情報とは直接的に関係のない情報ですが、せっかく建っていた家が壊れたのだから、**but** でつなごうと思います。

John's house was located near the lake, but a hurricane destroyed it.

そして、④の文は②の結果ですから、

and then he had to move into town.

とりあえず、解答として次のようになります。

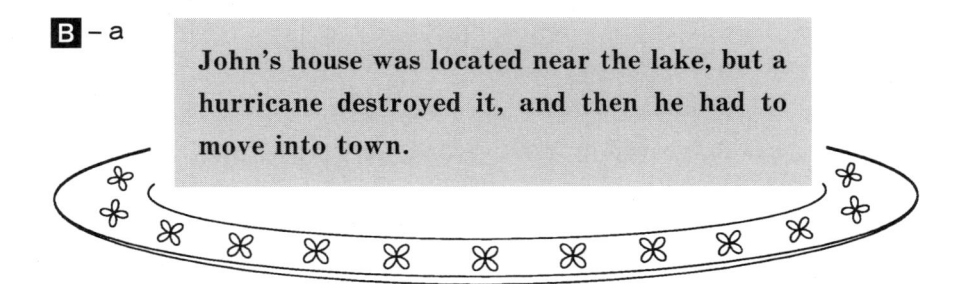

B - a

John's house was located near the lake, but a hurricane destroyed it, and then he had to move into town.

おおた：フム、いいだろう。では(2)の従属接続詞を用いるやり方を説明しよう。従属接続詞とは、言ってみれば「因果関係」とか「条件」などを表す言葉のことである。
　「ジョンの家の倒壊」と「町への引っ越し」には「因果関係」があるから、**because** を用いてつなげるが、「ジョンの家の位置」と「引っ越し」にはなんの関係もないから、ここは(1)の等位接続詞を使うやり方で処理することにしよう。

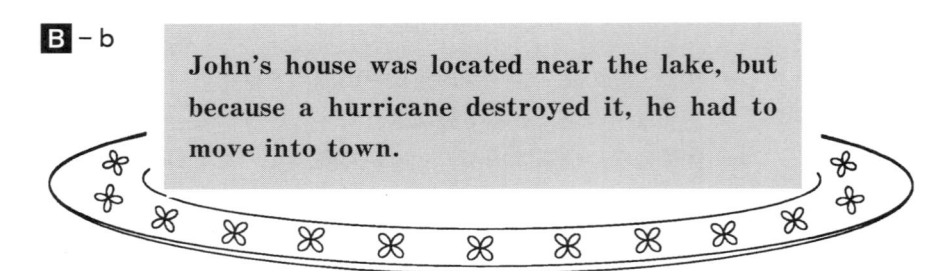

B-b

John's house was located near the lake, but because a hurricane destroyed it, he had to move into town.

塩田丸：なるほど。よくわかりました。 
おおた：では(3)に行ってみよう。関係詞にも文と文とをつなげる力があることは知っていると思う。③の文が全体の流れの中では余分な感じがするから、③の文を関係詞を用いてどれかにつなげないだろうか、と考えるのじゃ。そう、①の文とつなげるね。しかし、関係詞を用いる時には、カンマをつけるとかつけないとか、ややこしいことがからんでくるので、このやり方は上級者向きである。

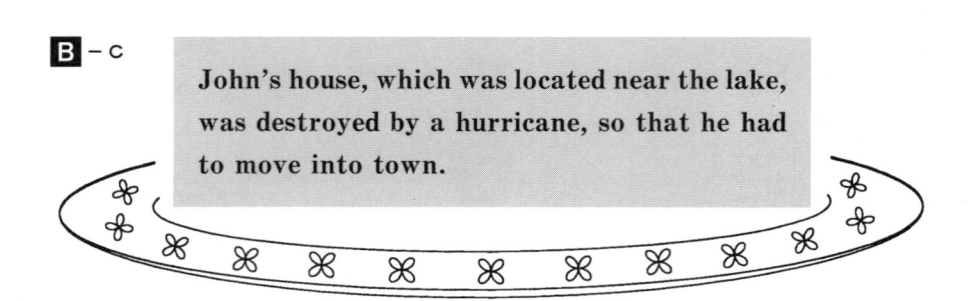

B-c

John's house, which was located near the lake, was destroyed by a hurricane, so that he had to move into town.

おおた：さて最後に(4)の名詞句への変形だが、これは最上級者向きである。①の文の動詞 destroy を名詞 destruction に変える（変形する）と、

the destruction of John's house by a hurricane
the destruction by a hurricane of John's house

となる。次に「家の位置」に関する情報は、関係詞でつなぐことにし、「家の倒壊（＝destruction）」が「引っ越し」の「原因」であるから、次のような解答が得られるね。

B - d

Because of the destruction by a hurricane of John's house, which was located near the lake, he had to move into town.

The destruction by a hurricane of John's house, which was located near the lake, forced him to move into town.

おおた：ここで、これまでの整理をしてみよう。できる限りわかりやすく英作文に取り組むための第一歩が事態図を作ることであった。視覚的にすっきりしていたほうが頭がすっきりするからね。

★「事態図」の作成

英文は1つの動詞の決定からできあがるから、

 a.　〈V〉

次に主語が決まるから、

 b.　[S]—〈V〉

さらに修飾語句がくっつくから、

 c.　[S]—〈V〉—[X]
    ↑ ↑
   （形容詞）｛副詞｝

先ほどのメニュー **B** の英文をこの事態図で図示してみると、

① [John's house]—〈was destroyed〉

② [a hurricane]—〈did〉—[it]

③ [the house]—〈was located〉
       ↑— ｛near the lake｝

④ [John]—〈move〉
  ↑ ↑— ｛into town｝
 had to（助動詞）

おおた：こうして眺めていると、①の文の主語と③の文の主語とが同じだから、「代名詞」や「関係代名詞」を使ってみようという気になるだろう。また、最上級レベルの①の変形という手法にしても、

 [the destruction]—〈？〉—[④の文]

LESSON 5

という枠の中で、適当な動詞を自分で考え出せばよいのである。世間でよく「無生物主語」構文とか呼ばれている文は大方SVO to V...といった形式になることが多いことが、練習を重ねると自然にわかってくるじゃろう。

✕ そろそろフルコースメニューに挑戦

本日のメニュー C

次の和文を英訳せよ。

本や雑誌がこれほど数多く出版されているにもかかわらず、私たちが読書に費やす時間は年々減少している。　　〈東京歯科大〉

塩田丸：私には丁度よいレベルの課題です。先生の演説にはぽーっとなってしまいましたが、頑張ります。まず、核文の析出から。

① 〈出版される〉：be published
　（注）「多く」といった「数量詞」【☞ NOTE 1】は事態図の中で、何が「多い」のかと考え、その名詞句に添える。

　　　[本 and 雑誌]—〈be published〉
　　　　↑ 添加
　　　such a great number of, so many

　　という具合である。故に、

Such a great number of books and magazines are (being) published. ——(1)

② 〈費やす〉：spend 〈時間〉 V-ing

　　We spend . . . time reading. ——(2)

③ 〈減少する〉：decrease ⇒ 何が？＝「時間」

　　　　　　The time is decreasing. ―――(3)

おおた：よろしい。随分パターン化してきたね。いいぞ。問題は(2)と(3)の合成だ。(3)をそのまま利用するには、(2)を関係詞節にする必要がある。実は事態図から簡単にできるんじゃ。

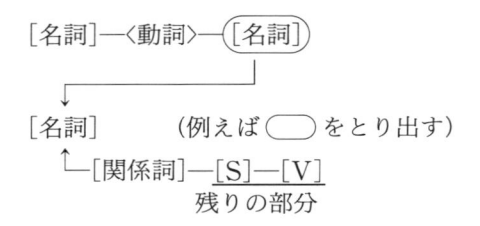

```
    ［名詞］―〈動詞〉―［名詞］
       │
       ↓
    ［名詞］　　（例えば ◯ をとり出す）
    └―［関係詞］―［S］―[V]
             残りの部分
```

　　という具合じゃな。

塩田丸：はい。(2)を関係詞節にします。

　　　　... time (which) we spend reading. ―――(2)′

　　　　...の位置には、the を入れます。さらに、(1)の事態は(2)と(3)と対比的です。ゆえに、

C

> Though such a great number of books and magazines are published, the time we spend reading is decreasing.

おおた：よろしい。decrease の代わりに、less を使うと、

　　We spend less time reading.

となり、これを後半に用いてもよろしい。

塩田丸：なるほど。**in spite of ...** を用いて(1)をさらに料理することもできますね、先生。

おおた：うん。でも、あまり凝らないほうが食べやすいよ。コテコテの感じだね。でも作ってごらん。

塩田丸：はい。つい背伸びしました。

In spite of such a great number of books and magazines being published, SVX.

となります。

おおた：今日はもう1品作ってもらおう。

本日のメニュー D

次の和文を英訳せよ。

　テレビがどのお茶の間にもあるようになった。その結果、日本人の生活様式に変化が出ている。家庭内の会話が少なくなり、深夜放送を見るために睡眠時間が減少しているのである。　〈群馬大〉(一部略)

塩田丸：これは結構厄介です。油小路先輩にも手伝ってもらっていいですか。

おおた：結構。油小路クン、この問題の一番のポイントは何だろう。

油小路：はい、全体の「論理関係」です。第1文と第2文は因果関係にありますが、第3文は第2文を具体化したものです。いわば、フルコースの料理ってわけです。塩田丸クンは単品しか作ったことがないだろうから、まず、コースの計画を立ててみよう。

　これは、「文脈」への配慮なんだ。ある事柄を具体化したり、対比関係においてみたり、というように、2つ以上の文が集まって文章ができていくわけだろ？　これを、「全体のレイアウト」と呼ぶんだよ。**D** の文は次のようなレイアウトになっているね。

〈第1文〉. As a result,〈第2文〉;〈第3文〉

;(セミコロン)は具体化のイメージだね。

おおた：英作文でこのような配慮をするのは珍しいかもしれないが、文章を表現する以上は避けて通れないことなんだ。

塩田丸：なるほど。ではやってみます。動詞を中心にして核文を作っていく作業からですね。まず、第1文を作ります。

① 〈ある〉：**there be . . . / S find . . .**

ここでは、後者を用います。

We can find a television set in every living room.
―――― (1)

あるいは、「家族」を主語にして、

Every family has a television set in their living room.
―――― (1)′

おおた：「. . .ようになった」は？

塩田丸：ええ、シンプルに現在形を使って現状を書きました。

おおた：よろしい。ついでに、「ある」という基本の事態を表す形式を整理しておこう。

―――――――〈「ある」を表す形式〉―――――――
(1) 「. . .がある」のもっとも普通の形
　⇒ S find . . .〈場所〉
(2) 主語とあるものとが関係を「もっている」場合【☞ NOTE 2】
　⇒ S have . . .〈場所〉
(3) あらたまっていう場合
　⇒ There be . . .〈場所〉

塩田丸：第2文に行きます。「変化が出ている」というのは私には違和感のある日本語です。そこで、

① 〈変化〉⇒何が？=「生活様式」「日本人の」は「我々の」とする。

Our lifestyle[way of living] has changed. ———(2)

第3文も続けます。

① 〈少なくなる〉：メニュー **C** で学んだように、less を利用したいと思います。

We talk less and less at home. ———(3)
We have fewer conversations at home. ———(3)′

② 〈減少する〉：これも同じです/「睡眠」は動詞の sleep を使います。

We sleep (for) less (hours). ———(4)

③ 〈見る〉：watch TV/「深夜」は副詞にする。

We watch TV far into the night. ———(5)

(4)と(5)を〈合成〉します。〈見る〉ことが〈減る〉ことの原因だから、because を使って、

We have fewer conversations at home and sleep less because we watch TV far into the night.

となります。

油小路：では、私が(1)〜(5)までを整理します。

D

> Nowadays we can find a television set in every living room. As a result, our lifestyle has changed; we have fewer conversations at home and sleep less because we watch TV far into the night.

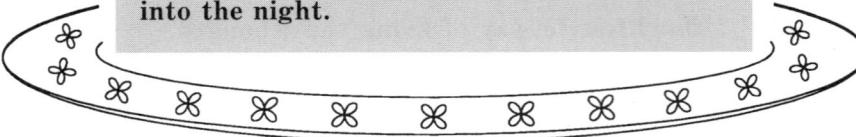

おおた：よくできました。おまけに、前回の変形を利用して、第3文の後半のbecause節を名詞にしてみると、わりと日本語の直訳になる。動詞はreduceだ。

Watching late-night shows has reduced our hours of sleep.

しかし、無理をしてまでこんな表現をする必要はないよ。では、今日は油小路クン向きの問題をもう1つやってもらおう。

本日のメニュー **E**

次の和文を英訳せよ。
　外国語に堪能であることが国際社会に生きていくために必要なことは言うまでもない。しかし、もっと大切なことは、自分の行動に責任をもち、人に迷惑をかけない常識を身につけることである。　　〈津田塾大〉

油小路：これは本格的ですね。第1文はわりと素直に理解できるのですが、第2文の「常識」という部分がなにか変な気がします。先生、どうでしょうか。

おおた：そうだね。「人に迷惑をかけない」ことが「常識」そのもの

なのか、「常識」の一例であるか、判断に迷うね。
塩田丸：そんなに日本語にこだわるのですか。
油小路：こら、材料の吟味が一流シェフへの第1歩だって、いつも先生がおっしゃっているだろう。
おおた：そんなにガミガミ言わなくてもいいよ。とりあえず、第1文からだ。
油小路：はい。

① 〈堪能である〉：「上手に話す」と解する。全体が「教訓」型だから、一般人称の you を主語にする。

You speak foreign languages fluently[well]. ──(1)

② 〈生きる〉：ここは「国際社会」が問題だが、とりあえず、the international society としておく。

You live in the international society. ──(2)

③ 〈言うまでもなく〉：決まり文句で、

It goes without saying that... ──(3)

塩田丸：ちょっと待って下さい。「国際社会」が問題だ、とはどういうことなんですか？
油小路：僕の偏見かもしれないけれど、そんな社会がどこにあるんだろうか、という疑問があるんだ。「国際化していく社会」ならわかるけれど。
塩田丸：やっぱり日本語に忠実に従ったほうがいいんじゃないですか。ほら、素材のよさを活かして、というじゃないですか。
油小路：素材のよさを活かすためにこそ、丁寧に考えるんだよ。
おおた：そうだね。油小路クンの意見に同感だ。むしろ、「国際化の進む時代」といった概念がぴったりだと私は考える。
塩田丸：とすると、「国際的感覚が必要な時代」という感じですか？でしたら、

this age requires you to be international

ですか？

おおた：international は international-minded【☞ NOTE 3】か global mind のほうがいいね。それに、you と人称代名詞を使うより、

this age requires a global mind

ぐらいでどうだろう。とりあえず、油小路クン、核文の合成をしてくれ。

油小路：はい。いくつかやり方があると思いますが、まず「必要―目的」の対で合成します。

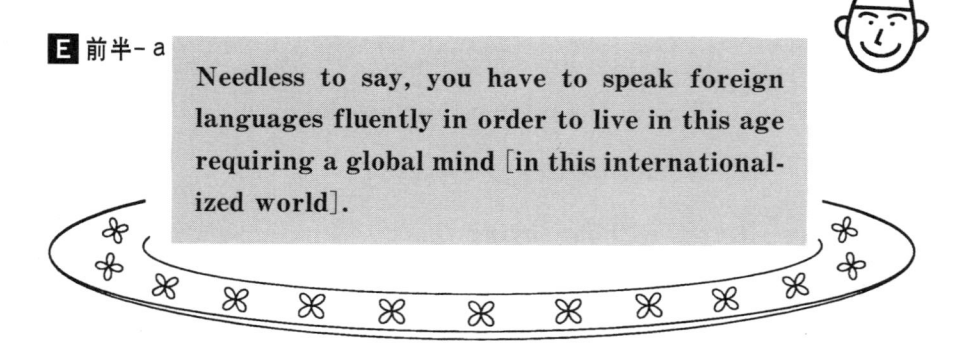

E 前半-a

> Needless to say, you have to speak foreign languages fluently in order to live in this age requiring a global mind [in this internationalized world].

次に①を②の「条件」とする文を作ってみます。

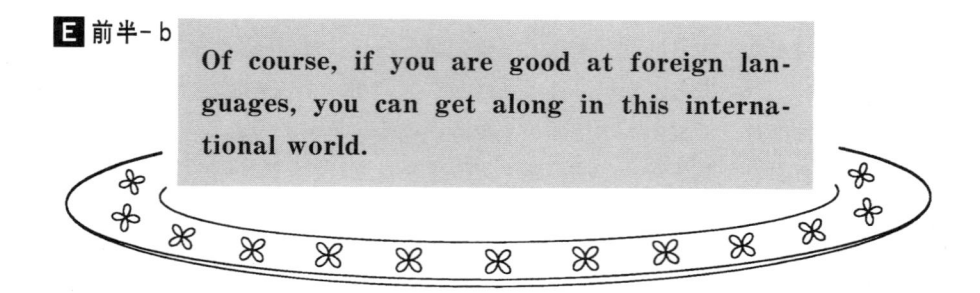

E 前半-b

> Of course, if you are good at foreign languages, you can get along in this international world.

最後に①を名詞化して文を作ってみましょう。

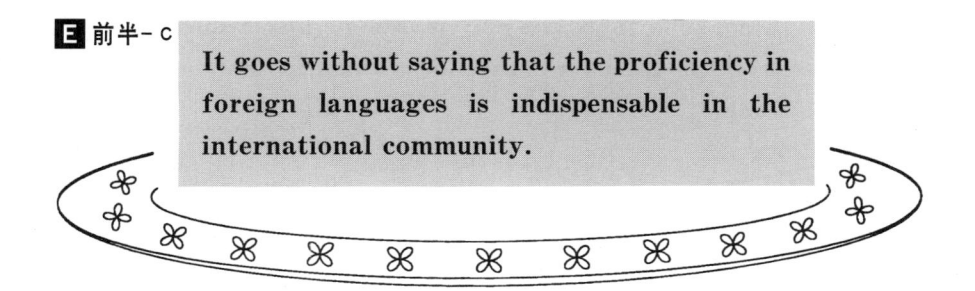

E 前半-c

It goes without saying that the proficiency in foreign languages is indispensable in the international community.

といった具合いです。

おおた：考えすぎもいけないけど、この程度の丁寧さは必要だろう。塩田丸クン、第2文はどうだい？

塩田丸：はい。

① 〈大切である〉：**be important**

It is more important.

② 〈責任をもつ〉：**be responsible for ...** /「行動」は「自分のしたこと」と解する。

You should be responsible for what you have done.

③ 〈常識を身につける〉：**common sense** を用いる。

You should have common sense.

④ 〈迷惑をかける〉：**cause others trouble**

You should not cause others trouble.

では合成します。①と②はそのまま並べます。③と④があまり自信がありませんが、④を不定詞にします。「...しないために」としたいのです。

E 後半-a

But it is more important that you should be responsible for what you have done and also have the common sense not to cause others trouble.

としました。

おおた：うん。なんとか言いたいことは伝わっているよ。この程度書ければ上等だよ。だいぶ辞書のお世話になったね。油小路クン、第１文の①を名詞化したやつ、あの後ろにくっつけるなら同じく、名詞化を駆使したものにしないと。１品１品はいいけど、全体では洋風、中華風、和風が入り交じった、いわば無国籍料理みたいになるよ。やってみてくれ。

油小路：はい、わかりました。

E 後半-b

But there are more important things; the responsibilities for one's own conduct and the common sense not to cause others trouble.

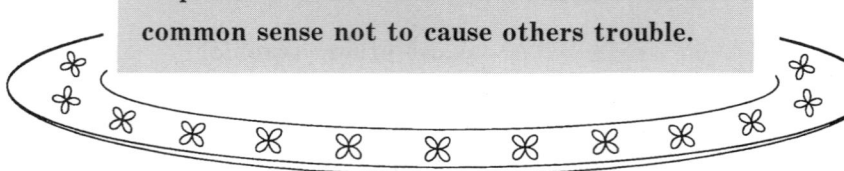

となります。

おおた：名詞化すると「カチカチ」の感じになることがよくわかるね。塩田丸クン、今はまねる必要はないよ。次回は、分詞構文とか不定詞とか、一般に準動詞と呼ばれているものの実態とその特徴について話をするつもりだ。お楽しみに。

LESSON 5 NOTES

*1 「数量詞」とは、文字通り、数や量を限定する語句のことである。英作文では、和文との対応で非常に間違えやすい語句である。次の和文を例に考え方を練習してみよう。

「参考書を買う学生は少ない」

 1)〈買う〉：buy ⇨ 誰が？＝［学生］/何を？＝［参考書］
  Students buy reference books.
    ⇧
  「少ない」：few
 2) Few students buy reference books.

という要領で考えるとよい。「多い/少ない/...」といった数量を最後に名詞につけるという方法である。

*2 例えば、

 I have some money with me.
  「手持ちの金がいくらかあるよ」

というように、副詞句で「どこにあるか」という点が明示される。

*3 「(人が)国際的」という場合の常套語句。

COOKING LESSON 6
本物を味わうことも
一流シェフへのステップ

✗ 英文の構成原理を読みとく

〜ベテランシェフの演説 その2〜

おおた：まず、次の英文を解釈していただきましょう。他人の料理を味わってみるのも大切なことであります。ただグルメとか言って、自分では何も作らない人とか、作るばかりで他人の料理など食べたことのない人は、どちらも料理人としては失格なのです。英文構成の観点から英文を読むという作業は、ひとりよがりな解釈を防いでくれるものです。よく「英文がわかること」と「和訳」は違うという人がいますが、英文構成の場面で「和文がわかること」と「英訳」は違うと思っているのでしょうか。英語と日本語が闘う場が我々の知性というものでありましょう。それはともかく、次の英文を見て下さい。

📖 本日のメニュー A

次の英文の構造に注意して和訳せよ。

We can make up stories to explain the world, but the stories have to be confirmed by experiment. This is the scientific method, and we are obliged to grow up in skepticism and there is no way out except to move ahead, hoping for comprehension in the future but living in a condition of intellectual instability for a long time.

おおた：大変な料理を出してしまったでしょうか？ しかし、すべて英文の構成原理に従って書かれているわけですから、絶対に「ワカル」はずです。では解説します。

第1文について：

① We make up stories. : SVO
   ＊make up：「作りあげる」

② We explain the world ⇒ for us to explain the world.
   （for us は省略される）
   （注） to V X は、未完了（まだ実現していない）という根本イメージがあればよい。

①と②を合成して、②は①の「目的」とする。ゆえに、

「我々はいろいろな物語を作りあげて、世界を説明しようとする」
   （注）「目的」という関係で2つの核文が合成されたわけだが、「...するのは...するためだ」というように読めばよい。

③ We have to confirm the stories by experiment. : SVOM
   （注） have to は助動詞扱い。その他、V to V ... という形式は、S がある行為なり、動作なりに対し、いかなる関わり方をしているかを情報的に添える。
   ＊confirm：「確かめる」

おおた：③の文が受動態に変形されているわけですが、「受動態はどういう場合に使うのかご存じですか」と聞かれたら少し困るのではないでしょうか。1つは、この場合のように the stories が「その物語」と、the が前の stories を指しており、そこに焦点を当てたいというような時に受動態が好まれ

ます。

S V O
 ↙
S be+p. p. (by ...)

というわけです。

「しかし、その物語は実験的に確かめる必要がある」

第2文について：

① This is the scientific method. : SVC
   - （注） this は第1文の but 以下の主張を指示する。
   - （注） the ... method の the は前出の語を指示しているわけではない。これは、「...というもの」と、一般性を高めて議論する場合に用いられる。「ほかでもない...」という感じだ。

② We are obliged to grow up in skepticism. : SVM
   - ＊ be obliged to V :「...せざるをえない」（助動詞扱い）
   - ＊ skepticism :「懐疑主義」⇒「疑いの気持ちをもった状態」

③ There is no way out. : there 構文
   - ＊ way out : ここでは「出口」

④ We are to move ahead. : SVM
   - ＊ move ahead :「前に進む」
   - （注） これが不定詞となり、for us to move ahead という形を得る。さらに、for us が一般人称(とくに誰ということもない)ということで省略される。

⑤ We hope for comprehension in the future. : SVOM
   - ＊ hope for ... :「...を望む」
   - （注） これは「群動詞」などとも呼ばれる。つまり、2語で1つの「他動詞」とみなす。それは、There is nothing to be hoped for.「何ひとつ望みえない」というように、受

動態が存在するからである。

⑥ We will live in a condition of intellectual instability for a long time. : SVMM
　　* in a condition of ... :「...の状態で」
　　* intellectual instability :「知的不安定」⇨「よくわからないという状態」

おおた：すごい文でしょう。ボリュームたっぷりです。6つも核文があるんですからね。①と②は問題ないと思いますが、問題は③以下の合成であります。まず、③と④についてご説明いたしましょう。

　④は不定詞となって、except という前置詞と the way（これは、「道」と「方法」という意味をかねる）で③と合成されています。

```
... except the way  for us  to move ahead
        (2回目)  (一般人称)
           ⇓        ⇓
          省略      省略
```

⑤と⑥は but で合成され、さらに④と⑤ but ⑥は「分詞構文」をもって合成されています。一般に等位接続詞で結ばれている2つの文は、片方を分詞構文にして合成しなおすことができます。

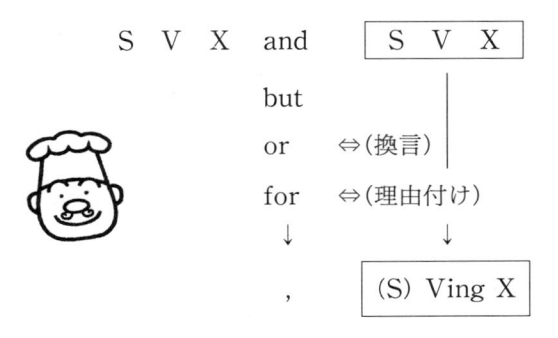

```
S  V  X   and      S  V  X
          but         │
          or   ⇔(換言) │
          for  ⇔(理由付け)│
           ↓            ↓
           ,        (S) Ving X
```

(注) and による合成には、「同時的関係」も含まれる。

　逆に考えれば、分詞構文は主節の文と等位接続詞で結ぶことができるわけです。ここでは、同時の and が想定されますね。and によって合成するより分詞構文にすると、and がない分だけ、2つの事態が一層一体化して「見える」わけです。この「見える」がミソで、分詞構文は「視覚的に」2つが一体になっている感じを表現するものなのです。したがって、書き言葉の特権的表現だと言えます。英作文で用いてはいけないことはもちろんありませんが、これはすべて等位接続詞をもって合成しても文意に違いはないので、「文体」まで考えるという「懲りない面々」だけが使えばよろしいでしょう。変形のもう1つの手法である関係詞節についても事情は同じです。では、第2文の訳をあげておきます。

「これが科学の方法というもので、我々は疑わしいという気持ちをもって成長を遂げざるをえないし、その気持ちから抜け出せる出口といっても、将来わかるだろうという望みをもちつつ前に進みながらも、長い間よくわからないという状態で生きていくしか抜け道はない」

✘ 読解こそ英作文の最高の師

塩田丸：英文解釈もこんなに徹底的に核文に分析し、その合成を調べるんですか？

おおた：そうだ、英文を読むことが最高の英作文の先生なんだ。英語の力をつけるために限られた時間を有効に使えということだ。こんなに盛りだくさんの料理を十分味わわないというのは実にもったいない。いいかい、自分で英文を構成するつもりで、英文を読むんだ。英文の襞の襞まで見えてくるぞ。サーッと流して読んで、結局何も知識として身に付かないなんていうより、じっくり読んで、たとえ短くてもその英文で学べるこ

LESSON 6

とは全部学ぶんだ。いいかげんな100行より、綿密な1行、これがシェフへの近道だ。

本日のメニュー B

次の和文を英訳せよ。
　誰でも人のことはよくわかるのに自分のことはよくわからない。したがって批判力は発達しやすいのに、反省力はどうしても甘くなりがちだ。

〈同志社大〉

おおた：じゃあ、塩田丸クン。これを料理してみてくれたまえ。

塩田丸：比較的やさしいですね。和文第1文の動詞とする語は、〈わかる〉。「わかる」とは何がわかるのか。人の考えとか、性格とかいろいろですね。つまり、know で十分でしょう。

① ［we］―〈know〉―［others］
　　　　　　　↑
　　　　　　　└―｛very well｝

② ［we］―〈know〉―［ourselves］
　　　　　↑　　　│
　　　　 not　　└―｛very well｝　　　　【☞ NOTE 1】

この2つは but で合成します。ゆえに、

We all know other people very well, but we do not know ourselves very well.

おおた：ちょっと待って。食べられないことはないが、同じ料理がこれでもか、これでもかという感じで繰り返されるのは...。

塩田丸：わかっています。but 以下で、we...know...very well が反復されているので、全部取り去ります。すると、

We all know other people very well, but not ourselves.

おおた：それでいい。know に味付けをして can easily (come to) know としてもよろしい。分詞構文は使えるかい？
塩田丸：はい。but 以下を分詞構文にします。

We don't know ourselves very well. ⇨ not knowing ourselves very well

ここで、前半との反復をさけ【☞ NOTE 2】、not ourselves とすると...、あれ？

おおた：うん、それでいいんだ。先ほどの文から but がとれただけじゃない、とキョトンとしているんだろう？ それでいいんだ。ほかに、

It is easy to know others well, but difficult to know much about ourselves.

All of us can easily come to know about other people, without knowing much about ourselves.

などなどが考えられる。第2文に行きなさい。

塩田丸：はい。ここは、①〈批判力〉、②〈反省力〉という語句が鍵です。でも、もう「動詞」を用いることは朝飯前です。

① ［we］—〈criticize〉—［others］
② ［we］—〈reflect on〉—［ourselves］
　　　　　⇧
　　　　　not

おおた：待った。2つ目の核文の reflect on は「反省」という意味では通常、節や句が目的語の位置に置かれることが多い。

 e. g. You must reflect on what you have said.
　　　「自分の言ったことを反省しなさい」

だから、what you are とするか、「反省」も「批判」もここでは同じこと、と割り切るかだ。〈発達〉はどうする？

塩田丸：忘れてました。develop は無理ですから、「変化」を表現するために learn to を使います。やはり、「反省」＝「批判」の線で行きます。

We can easily learn to criticize others severely, but not ourselves.

おおた：よかろう。とくに but 以下はうまくできたね。but を取れば分詞構文だね。全体をまとめてみなさい。

B

We all know other people very well, but not ourselves. Therefore, we can easily (come to) criticize other people severely, not ourselves.

もう1つ、いつものように油小路クンと共同で作りなさい。

塩田丸：実は油小路先輩は今日いません。なんでもデカルトという人の『方法序説』とやらを夢中になって読んでいるとのことです。とくに「夢」の話を。何か料理の方法と関係があるのかしら？

おおた：そうかい。古典を読むとは、油小路クンもなかなかだね。じゃ、塩田丸クン1人でやってみたまえ。

本日のメニュー **C**

次の和文を英訳せよ。

使い捨ての時代と言われる。まだ使える電気製品(electric appliances)や家具ばかりか、ペットまで捨てられるしまつである。生活の物質面は豊かになったが、心の生活はますます貧しくなっていくようである。　　　　　　　　　　　　　　　　　　　　　〈京大〉(一部略)

塩田丸：第1文は第2文で具体化されています。「使い捨ての時代」とはどういう時代かがよくわかります。まず、第1文。

① 〈使い捨て〉=「使ってすぐ捨ててしまう」⇒何を？=「いろいろなもの」

① a. [we]—〈use〉—[things]
① b. [we]—〈throw〉—[them]
　　　　　　└─[away]

①a.の「後」すぐに①b.ということです。これに、「時代」のイメージをnowadaysで味付けします。ゆえに、

Nowadays we often throw things away soon after we use them.

おおた：それでもいいが、やはり単語の反復が問題だね。after以下を、after using them とすることができるよ。もし、名詞的に表現すると、

Now we live in a "throwaway" age.

塩田丸：なるほど。では、第2文に行きます。「捨てる」が第1文と重なっています。

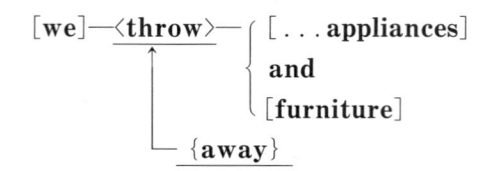

[we]—〈throw〉—{ [...appliances]
　　　↑　　　　　and
　　　│　　　　　[furniture]
　　　└─{away}

この下線の部分です。第1文の後に、；(セミコロン)をつけて、名詞だけつなぎます。ゆえに、

〈第1文〉; not only electric appliances and furniture, but also even our pets.

おおた：待って。「まだ使える」は？
塩田丸：また忘れていました。でも大丈夫です。この後に、though . . . と付加します。
おおた：それだと、「ペット」も使うことになっちゃうんじゃないか？ 前にやった関係詞、使えない？ そう、接続詞＋代名詞＝関係詞というやつさ。
塩田丸：そうか。じゃ、こうなります。

〈第1文〉; not only electric appliances and furniture which we can still use, but also even our pets.

おおた：よろしい。第3文だ。
塩田丸：はい。「豊かになる」と「貧しくなる」が対比的です。ですから、主語を「生活」に統一します。

① [our life]—〈become〉—(rich)
② [our life]—〈become〉—(poor)

「物質面」と「心」がまた対比的です。ここで、materialとspiritualとを対比的に副詞にして、それぞれの文の補語の形容詞の前につけます。重なる部分(our life has become)はもちろん省略します。ゆえに、

Our life has become materially rich, but spiritually poor.

おおた：よろしい。今日はこうした対比型の英文を作ってもらっているが、この第3文を材料に2文の合成に関する総復習をしてみよう。次にあげる手法で第3文をいろいろに表現してみるんだ。いいかい？

(1) 等位接続詞を使う。これは簡単すぎるからパスしよう。

(2) 従属接続詞を使う。

Though our life has become materially rich, it has become spiritually poor.

(3) 関係詞を使う(その場合、カンマの有無をよく検討する)。ここでは、「精神面」を主節にしなさい。

Our life, which has become materially rich, has become spiritually poor.

(4) 分詞構文を使う。

Though being spiritually poor, our life has become materially rich.

(5) 核文を名詞句にする(「物質的な富」、「精神的貧困」)。

In spite of the material wealth of our life, we must admit its spiritual poverty.

おおた：ここで、(3)、(4)、(5)は主に書き言葉であり、英文解釈で始終出くわすものである。しかし、英文構成は、(1)と(2)のレベルで行なうのがよい。塩田丸クン、いくつできた？

塩田丸：(5)だけできませんでした。では、**C**をまとめます。

C Nowadays we often throw things away soon after using them; not only electric appliances and furniture which we can still use, but also even our pets. Our life has become materially rich, but, it seems to me, spiritually poor.

おおた：よかろう。今回は最初に英文解釈をやってもらい、面食らったかもしれないね。でもね、さっきも言ったとおり、読むことと書くことはコインの表裏の関係で、どちらも「構造」を柱にして語彙レベルでの日英の闘いがあるわけだ。両者は一心同体なんだ。英作文なんて自分の受ける大学では出題されないからやらない、なんていう人は、英文の正確な読解力すら身につかないだろう。「構造」の把握力は、英文構成のほうがよく身につくんだ。解釈はその応用といったところかな。

LESSON 6 NOTES

＊1 この事態図に対して疑問を抱く人もいるかもしれない。「私は他人のこともよく知らないよ」という人のことだ。そういう人は次の文のように「比較構文」を用いるとよい。

    We know others *better than* ourselves.

＊2   We know others very well, *but not ourselves*
                                ⇧
            but we do *not* know *ourselves*

分詞構文は but S V X を圧縮したものだから、当然 but が消えるだけで分詞構文となる（ただし、分詞の部分は省略されている）。

COOKING LESSON 7
調理法がわからない時の「ごまかし」のテクニック

✘ 曖昧さを切り抜ける工夫

～ベテランシェフの演説　その3～

おおた：またまた演説が続きますが、我慢して聞いて下さい。受験生諸君からよく「はっきりわからないところをごまかす方法はないですか」という質問を受けるのです。「ごまかす」という意識は一体どこから出てきたのでしょうか。「正しい」表現がわかっていて自分の料理は「正しくない」という事実からこんな意識が生じてきたとすれば、「正しい」「正しくない」の区別がついているのだから、「正しい」ものを作ればよいわけですね。だから、実際は「正しい」か「正しくない」かの区別がつかないけれども、なんとか「正しい」と確信できる処方箋はないかというのが質問の真意なのでしょうな。ちょっと、問題をやってみましょうか。

📖 本日のメニュー　A

次の英文中のカッコ内の動詞の時制を決定せよ。
1. I have once read a novel which (be written) by Lawrence.
2. After I (finish) the work, I watched TV.

おおた：さて、なんでもない問題に見えますが、英作文の過程ではこ

うした問題はいつもつきまとうものであります。

　まず、1.から考えてみましょう。英文構成を核文構成とその合成という観点でとらえてきた私たちは、こうした時制の問題も「核文」単位で考えることが肝要です。「小説が書かれた時」は現在か未来か過去か、という問題ですが、「以前に読んだことがある」という「現在完了」と一致するには、当然過去に書かれたものでなければなりません。ゆえに **was written** が正解となります。

　では、2.です。「仕事を終えた」時点が「テレビを見た」時点より前だから、**had finished** と答える人も多いでしょうね。もちろん、これも正解ですが、この場合は2つの事態が「瞬時」的に前後に並んでいることになり、「...するとすぐに」という意味になります。時間の前後関係は after が責任をもって表しているから、そんなに「瞬間的に」後というのでなければ、**finished** という過去形でもよいのです。

　さて、このように時制を決めよという問題ではなく、英文構成の場合を考えてみましょう。「いちいちこんなことを考えるのも大変だな、ちょっぴりいい加減なほうが自分の性分に合っている」という人は、形式、つまり英文のカタチをいじってやることで、こうした問題が回避できる（ごまかせる）のです。

(1) 一般に、**関係詞＋be は消去できる**。ゆえに、

A-1′ I have once read a novel written by Lawrence.

(2) **準動詞形にする**。ゆえに、

A-2′ After finishing the work, I watched TV.

　要するに、英文の形式に関する知識を活かすことで、意味に関するあいまいさを回避する ということこそ「ごまかす」ということなのであります。

もう1つだけ、簡単な問題をやってみましょう。

本日のメニュー B

次の英文中の下線部の動詞の時制は正しいか。
The farmer insisted that the earth is flat.

おおた：よく時制の一致という現象が重要文法事項として取りざたされますが、時制の一致を何かの決まりみたいにしてとらえている人は、この場合、wasにしないといけない、と考えるでしょう。しかし、isのままでも正しい英文なのです。ただ、前者の場合は話者が「地球は平らだ」と確信していないことになり、後者の場合はそうだと確信しているという前提があるのです【☞ NOTE 1】。実際は状況からどちらなのかわかりますが、英作文の問題は文脈がないことが多いから、本当はどっちでもいいのです。

　受験生の皆さんに覚えておいてもらいたいのは、英作文では状況はとくに1つに特定できないことが多いから、あまり細かなことを云々しなくてもいい、ということです。少しは気が楽になりましたかな？

✘ ごまかしテクの実戦問題

おおた：ではさっそく今日の料理を作ってもらおうか。

本日のメニュー C

次の和文を英訳せよ。
　誰しも幼い頃親類の家に遊びに行き、自分の家では当然と思われていることが、実は他の家ではそうではないことを知って驚いた思い出をもっているだろう。
　　　　　　　　　　　　　　　　　　　　〈東大〉(改題)

塩田丸：この問題はちょっといじわるなところがありますね。あまりにも「時間」の規定が多すぎます。

おおた：それはどういうこと？

塩田丸：「幼い頃」⇒「子供の時に」

「...に行き」⇒「...に行った時」

「...に知って」⇒「...に知った時」

こんな具合です。

おおた：よく気づいたね。君の言うとおりだ。when節のオンパレードでは恰好がつかない。そこを注意して作ってごらん。どう「ごまかす」かが課題だ。

塩田丸：はい。いつもの手順で行きます。

① 〈幼い〉

We were very young.

② 〈遊びに行く〉：**visit**

（注）　実際に play するわけではない。気ままに訪問することをこう言う。

We visited our relatives.

③ 〈あたりまえと思う〉

We took something for granted.

④ 〈そうではない〉＝あたりまえとは思われていない

They did not take it for granted.

⑤ 〈知る〉：ここは **find**

We found that.

⑥ 〈驚く〉

We were surprised.

⑦〈思い出がある〉=「思い出せる」

We can recall that.

　　　どうも核文が多すぎるなー。それに、③と④は同じ表現で芸がないなー。困ったな。

おおた：何をブツブツ言っているんだい。こうやって核文がたくさんできてしまった時はどうするの？　とりあえず、合成できるものから合成してごらん。

塩田丸：はい。まず、①と②は、

①+② **When we were very young, we often visited our relatives.**

　　　③と④、これが難しいな。あっ、和文では、「自分の考え」ではなく、「自分の家」との違いを言っている。we を主語にしたことに問題があるんじゃないかな。③を、

③ **Something was taken for granted in our own home (by our family).**

としよう。これは簡単に what 節にできるから、

③+④ **What was taken for granted in our own home was not so in theirs.**

これで、語句の重複が避けられたぞ。⑤と⑥は、

⑤+⑥ **We were surprised when we found that.**

これでは、①を when 節にしたことによって、when が重なるから、

⑤+⑥ **We were surprised to find that.**

これでいい。これに⑦をかぶせて、

C-a

> We all can recall that when we were very young, we often visited our relatives and were surprised to find that what was taken for granted in our own home was not so in theirs.

おおた：考察ぶりはもう一人前だね。感心したよ。できあがった作品は、文法的に間違いとはいえないからこれでもいいだろう。しかし、もうだいぶ修行を積んできた身だから、もうひと工夫あってもいいね。

　まず主語だが、you でいいよ。みんなそういう体験があるだろう、と説教がましく言っているのだから。すると、「親類云々」はその体験の具体例だから、もう少し細かく料理することができるだろう。やってごらん。

塩田丸：はい。

Any one of you can recall an experience; ...

おおた：うん、そうだ。ここで思い切って、子供の頃の体験にしてしまいなさい。

塩田丸：はい。childhood を使うんですね。

Any one of you can recall a childhood experience; ...

おおた：そう、その調子。続けて。

塩田丸：はい。こうすると、②が when 節になります。ついでに、what 節をやめて、things taken for granted in . . . とします。find も find S′ to V′ . . . とします。

C - b

> Any one of you can recall a childhood experience; when you visited your relatives, you were surprised to find things taken for granted in your home to be not so in theirs.

【セミコロン☞ NOTE 2】

おおた：随分身軽になっただろう。ついでだが、セミコロンで切らずに、

experience in which...

とつないでもいいし、

experience of being surprised to... when...

でもいいよ。
　さて、今日は油小路クンいるかい。

塩田丸：はい。先輩はすっかり哲学者になっていますよ。デカルトもいいけど、今はウイットゲンシュタインに凝ってるって言ってます。

おおた：そうかい、私も彼によって人生が変わった口さ。じゃ、さっそく問題だ。

LESSON 7

📖 本日のメニュー D

次の和文を英訳せよ。

日本人の話は不完全、難解で誤解されやすく、はなはだまずい話ぶりである。それでは日本人の言語生活は誤解だらけかというと、そうでないこと、これは是非ともはっきりさせておかねばならない。それは、日本人はなんとかして正しく聞きとろうとするからである。

佐藤信夫（一部改）

おおた：これは入試問題じゃないけれど、同じ方法でなんとか処理できるね。油小路クン、哲学者の陰鬱な表情、結構君に似合うね。

油小路：方法と真理、哲学的解釈学の反対。有限と無限の有限的対立などなど、全然勉強していません。この日本語ははなはだ不完全で難解ですね。例えば、第1文は、「日本人の話は、...まずい話ぶりである」となっていますよ。でも、方法は不変です。

① 〈話〉＝「話す」⇒誰が？＝日本人

The Japanese people talk with one another.

【☞ NOTE 3】

② 〈不完全〉⇒何が？＝話し方

They talk ambiguously.

③ 〈難解〉＝「理解し難い」

It is difficult to understand what they mean.

④ 〈誤解〉

They are easily misunderstood.

⑤〈まずい〉=「へた」：これは「話し方」の様態だから、

They talk poorly.

　さて、この5つの核文を並べてみると、次のことに気付きます。②と⑤は同型の文構造をもっています。ゆえに、ambiguously と poorly はほぼ同類の内容で、②と⑤は一文で表現できます。また、③と④は and で合成できます。その際、③は、

What they mean is difficult to understand.

とし、さらに、what they mean は単に they で十分でしょう。すると、

③+④ **They are difficult to understand, and are easily misunderstood.** 【☞ NOTE 4】

ゆえに、全体を次のように合成しました。

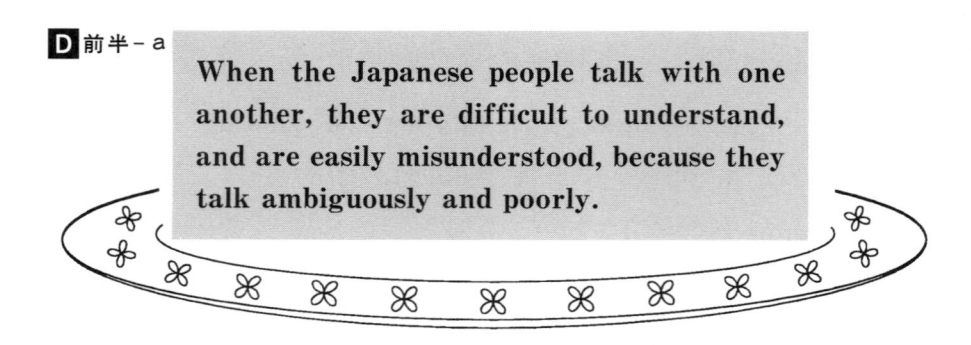

D 前半-a

When the Japanese people talk with one another, they are difficult to understand, and are easily misunderstood, because they talk ambiguously and poorly.

おおた：そこまで考察ができればもう一人前だね。ついでに、変形をしてバリエーションを作って。あ、そうだ、塩田丸クンにやってもらおう。ヒントは、方法という概念を way で表すことだ【☞ NOTE 5】。

塩田丸：はい。

D 前半-b

> The Japanese people's way of talking is ambiguous and poor. So they are often difficult to understand, and are easily misunderstood.

おおた：うん、なかなかやるね。わが弟子がひとり立ちしていく過程をこうして眺めるのも気分がいいもんだ。じゃ、油小路クン、第2文をやってみてくれ。

油小路：第2文は、すでに文脈が形成されています。第1文で述べた事柄が誤解されないように、筆者の真意を述べるわけです。

But I never mean that ...

を全体にかぶせます。後はいつもと同じ要領でできます。

① 〈言語生活〉：ここは日本人の話し方を主題にしているので、「日常生活上」で十分でしょう。したがって、ここは単に副詞句で、

in their daily life

とします。daily のほかに、everyday, ordinary などが使えます。

② 〈誤解だらけ〉：常に誤解が生ずるということだから、

They always misunderstand one another.

ゆえに全体は、

But I never mean that in their daily life they always misunderstand one another.

　　第３文は、聞き取るを〈聞く〉と〈取る〉に分割し、

① 〈聞く〉＝「耳を傾ける」

They listen to one another.

② 〈取る〉＝「理解する」

They understand one another.

　　合成は単に and で十分です。ゆえに、

①＋② They try to listen to and understand one another.

　　さらに、後半全体をまとめて、

D 後半

> But I never mean that they always misunderstand one another. They try to listen to and understand one another.

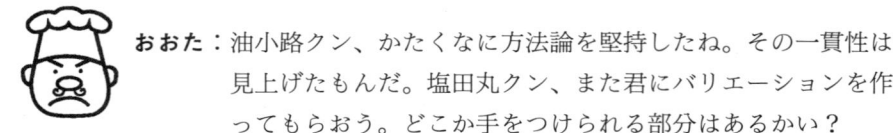

おおた：油小路クン、かたくなに方法論を堅持したね。その一貫性は見上げたもんだ。塩田丸クン、また君にバリエーションを作ってもらおう。どこか手をつけられる部分はあるかい？

塩田丸：第１文で way of talking を用いましたから、以下も「名詞化」を断行します。名詞化すると、例えば、主語、時制、その他細かな部分が問題になりません。これは「ごまかし」になります。まず、名詞化できるのは、

LESSON 7

misunderstand ⇨ misunderstanding

ですから、「誤解」が「生まれる」となります。すると、第2文は、

Misunderstandings always arise in their daily conversation.

第3文は名詞化できそうな部分が見当たりません。

おおた：まあいいだろう。今、塩田丸クンが「名詞化によるごまかし」と言ったけれど、そのとおりだね。この辺りを少し掘り下げてみよう。

✕ 作る時は味わう側の身になって

本日のメニュー E

次の英文をわかりやすく和訳せよ。
1. A dominant trend of the period is the rise of the scientific method.
2. Their eagerness to discover the truth gave the key to nature to mankind.
3. The childhood love for the father leads to the acceptance of authority.

塩田丸：前回と同じ英文解釈から学ぶ英作文ですね。
油小路：何それ？　それはともかく、1. から始めます。
1. について：

この文の補語の部分は、

The scientific method rises/rose/has risen...

という文が名詞化したものです。ですから、このように rise の時間的規定は困難です。「その時代」(the period) が現在か過去か、これだけでは決定できないからです。とりあえず、

「その時代の趨勢は科学的方法が生まれたことである」

おおた：2. は、塩田丸クン答えてごらん。

塩田丸：は、はい。eagerness は eager の名詞形ですから、主語の部分は、

They were eager to...

いや、were じゃなくて、had been かな？

おおた：そこそこ、「ごまかし」だよ。

塩田丸：あっ、そうか。和訳すると、

「彼らが是非とも真理を発見したいと願ったことによって、自然を解き明かす鍵が人類の手に入った」

油小路：3. は主語の部分が、

One loved his or her father as a child.

という文の名詞化ですが、主語の one にせよ、his or her にせよ「適当」です。それに、acceptance も accept の名詞形です。ゆえに、

「子供の頃、父親が好きだと権威を受け入れるようになる」

おおた：そんな感じだね。今日の最初の話ではないが、あえて省略表現とか、名詞化という英語自体の語学的知識を駆使することで、どうしてもうまく表現できないところを「ごまかす」のは上級レベルに属する力だ。つまり、知識がなければ「ごまかし」はきかないということだね。

油小路：それはやはり英文を読む際に、「構成」という視点から読む

という訓練が不可欠だ、ということですね。

塩田丸：そうか。じゃ、英文を読むことが英作文の勉強でもあるということになるから、英文を読んでさえいれば、自然に英作文の力もつくというわけですね。

おおた：おいおい。冗談ではないよ。

油小路：他人の料理を味わう際に、それを作った人の身になれ、ということだよ。

塩田丸：逆に、作る時も味わう側の身になれということですね。

おおた：そのとおり。

LESSON 7 NOTES

*1　とはいえ、「地球が平らである」という確信は現代においては常識的ではないので、やはり、was にしておくべきである。

*2　このセミコロンは、「子供の頃の経験」を具体化する、という合図である。

*3　ここで、with one another となっているのは、この場合、日本人同士の話し方が話題だからである。

*4　有名な tough 構文である。

1) It is easy to understand this passage.
2) This passage is easy to understand.

というように、元来、他動詞の目的語であった名詞句を文の主語にする、という変形である。これは、主語の位置に置く名詞句が「主題」、つまり、目下の話題となる事柄である場合、文頭の主語の位置にあったほうがわかりやすくなるからである。本文では、they が日本人を指し、これが目下の話題であるからである。

*5　これだけのヒントで変形ができるならば問題はないが、もう少し丁寧に述べると、

1) They talk ambiguously and poorly.
2) Their way of talking is ambiguous and poor.

というように、副詞の語尾の -ly が名詞 way に転換した、と考えるとわかりやすい。この語尾は「様態」を表す語尾である。

COOKING LESSON 8
免許皆伝への道（その1）

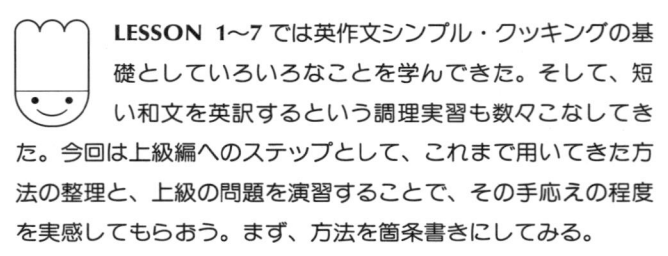

LESSON 1～7では英作文シンプル・クッキングの基礎としていろいろなことを学んできた。そして、短い和文を英訳するという調理実習も数々こなしてきた。今回は上級編へのステップとして、これまで用いてきた方法の整理と、上級の問題を演習することで、その手応えの程度を実感してもらおう。まず、方法を箇条書きにしてみる。

(1) 全体のレイアウトを考える。
　　一般一具体（換言、例示）/対比/因果関係など
(2) 核文の構成：和文中の動詞、もしくは動詞となりえる語句を取り出す。この段階で語彙のチェックを行なう。
(3) 核文の合成：できあがった核文を適当な接続詞で合成する。

以上の過程が常に反復されることになる。実は最初の〈全体のレイアウト〉の段階こそ、免許皆伝かまだ見習いかを分ける試金石となる。今回はこの段階にスポットを当ててみよう。

✗ 塩田丸クン、免許皆伝なるかどうか

塩田丸：たしかにこれまでいろいろ勉強してきたようですが、大体上のまとめ程度のことを何度も繰り返してきたわけですね。シンプルな方法は実戦に強い、と繰り返し教わってきましたから、そろそろ私もひとり立ちしようと思います。

おおた：というより、もうひとり立ちしていてもおかしくない時期だ

LESSON 8

よ。それはともかく、英作文では最難関といわれている京都大学の問題やってみるかい？

本日のメニュー A

次の和文を英訳せよ。
　この頃、昔の長い小説を読んでいる。1つには、当今のものを退屈しながら読むくらいなら、前に読んで重い手応えのあったものを再読したいという気持ちになったためであり、もう1つには、長大な作品を書いていく中で作者が成熟していくのを見るのが面白くなったためである。

おおた：どうだい、大変な問題だろう。
塩田丸：いえ、そうでもありません。それほど複雑怪奇ではないですから。
おおた：おや、自信があるようだね。お手並み拝見といこうか。
塩田丸：まず、全体のレイアウトです。

　〈第1文〉⇐2つの理由（=〈第2文〉）

　　ゆえに、

　〈第1文〉. This is partly because . . . , and partly because . . .

としています。
おおた：よろしい。しかし、それぞれのbecause節の内部が随分複雑になりそうだね。
塩田丸：臨機応変、核文合成で工夫できます！
おおた：！！！！
塩田丸：では、第1文の分析をやってみます。

　① 〈読む〉：単に現在形とするよりは、最近の読書傾向ととらえ、prefer to . . .を助動詞的に付加する。

Now I prefer to read novels.

②〈昔〉：過去に書かれたと解する。

Long novels were written in the past.

さらに、これを関係詞節化する。

long novels which were written in the past
　　（注）　which were は消去可能。

ゆえに、

Now I prefer to read long novels written in the past.

おおた：よろしい。「昔の」は単に、形容詞 old で十分だろう。つまり、old and long novels としていいよ。

塩田丸：はい。では、第 2 文前半に行きます。

①〈退屈する〉：**be bored**

I feel bored

②〈読む〉：「当今の」は形容詞 modern を用いる。

I read modern novels.

③〈読む〉：これは「読まずして重い手応えがある」という事態はありえないから、省略する。

④〈手応え〉：「影響を受ける」と解する。

I was once deeply affected[influenced] by some novels.

⑤〈再読する〉：**read . . . again, reread**

I read the novels again.

　　①と②を合成します。

①+② **I feel bored when I read modern novels.** —— (1)

④と⑤も合成します。④を関係詞節化して、

some novels by which I was once deeply affected

【☞ NOTE 1】

ゆえに

④+⑤ **I read again some novels by which I was once deeply affected.** —— (2)

さらに、(1)と(2)とを合成します。ここでは、「...するよりは...したい気持ちだ」と「選択」をしているので、would rather ... than ... を用いてみようと思います。

(1)+(2) **I would rather read again some novels by which I was once deeply affected than feel bored when I read some modern ones.**

おおた：まずまずだ。不定代名詞 ones にしたところなんか立派だ。最後のところは、bored by some modern ones としてもよかろう。ただもう少し食べやすくすることもできるだろう。would rather ... than ... を用いないとすればどうなる？

塩田丸：はい。「退屈する」のを事実として、「重い手応えのあるのを読む」を第1文の「換言」と解するとどうでしょうか。

おおた：ウム、やってみなさい。

塩田丸：はい。

I mean that I prefer to read novels by which I was once deeply affected, for I feel bored when I read some modern ones.

おおた：よろしい。これに partly because はうまく嚙み合わないか

ら、無視するのがよかろう。

塩田丸：第2文後半に行きます。

①〈書く〉：**write**

Some authors are writing very long novels.

②〈成熟〉：

They are getting mature.

③〈面白い〉：find を用いる。

I find it interesting.

  while を用いて①と②を合成します。

①+② **Some authors are getting mature while writing very long novels.**

  ①+②と③との合成は①+②を「見る」のが面白いのだから、次のようにします。

I find it interesting to see some authors getting mature while writing very long novels.

  これで全体を整理します。

LESSON 8

A - a

Now I prefer to read old and long novels. This is partly because I would rather reread some novels by which I was once deeply affected than feel bored when I read some modern ones, and partly because I find it interesting to see some authors getting mature while writing very long novels.

もう1つのバリエーションはこうです。

A - b

Now I prefer to read some long novels written in the past. I mean that I prefer to reread those novels which once attracted me most, for I often feel bored reading some modern ones. Also I find it interesting to observe some authors getting mature while writing very long novels.

おおた：これならなんとかお客様にも食べていただけるだろう。とくに、when I read...をreading...などとしたところなんかいいじゃないか。これも、方法が一貫しているからこそだ。どうしたの、塩田丸クン、泣いたりなんかして。

油小路：確たる意味という実体を解消し、「使用」という曖昧な概念

で、あえて意味の概念把握を根底的に解体したウイットゲンシュタイン。「地球は丸い」と「動物には脳がある」は同値であるとともに同義であり、したがって無意味だが、建物に対する土地の如く振る舞う命題。その土地も常に地震の恐怖に見舞われている。

塩田丸：先輩、完全に哲学者だ。これ、我々への課題です。なんとか料理しなくちゃ。

✘ 非論理的な和文のレイアウトは？

📖 本日のメニュー B

次の和文を英訳せよ。
　かつては「機械は考えうるか」という問いは意味をなさないと考えられたが、最近の工学の発展はめざましく、例えば、チェスをする機械も作られている。もはや人間の行動に関する多くの記述を、非生物である機械に適用しても不自然ではないし、天候について筋の通った会話をする機械もできたそうだ。しかし、もっと中身の濃い会話ができる機械が作れる可能性はあるか、というのが問題である。　〈大阪市立大〉(一部改題)

塩田丸：こりゃ、きわめて非論理的な和文ですね。

油小路：そうだ、こんな文章でも了解可能というのが不思議に思えるくらいだ。機械のほうがもっとまともな話ができるんじゃないかと思うよ。ところで、具体的にどういう点が非論理的だと君は言うんだい？

塩田丸：はい。まず、第1文前半の「...が」までは、「以前の時代」と「今日」との「対比関係」を読み取ることができるんですが、その対比は、和文第2文の前半、つまり、「...は不自然ではない」の部分だと思います。「工学の発達」が対比の相手ではないと思います。

油小路：そうだね。少し図式化してみようか。そうそう、「全体のレイアウト」というやつさ。英文の文章で大切な論理というものは、(1)「一般―具体」、(2)「対比」というのが鉄則だ。とくに対比してやると、論点があざやかに浮かび上がり、読み手にビンビン響いてくる。

塩田丸：ええ、それが今日のもっとも重要な課題です。任せてください。

★全体のレイアウト

〈第1文〉「機械の思考能力に関する問いは無意味」
　　　　　×（対比）
〈第2文〉「機械を人間として記述可能」
　　　　　↑（論拠）
〈第3文〉「工学の発達」
　　　　　↑（例示）
〈第4文〉「チェスができる機械」「天候の話ができる機械」
〈第5文〉「本当の問題」

　ここで、第1文と第2文が一般的主張のレベルで「対比関係」にあります。第3文は第2文の「根拠」で、第4文は第3文の具体例の提示です。第5文は問題提起。ゆえに、

〈第1文〉, but 〈第2文〉.　This is because〈第3文〉.　For example, 〈第4文〉.　But 〈第5文〉.

油小路：そう、全体のレイアウトでは、とくにどんな接続詞で論理の糸を紡ぐかをあらかじめ決めてしまうのがポイントなんだ。つまり、フルコース・メニューでは料理を出す順序を決めておかないといけないってことさ。メインの肉料理の後にスープが出てきて、コーヒーを飲んだかと思うと、オードブルが出てくるなんて、食えないことはないけど、ちょっとね。大体君の考えでいい。butが2回あるけど、最初をThough〈第1文〉,〈第2文〉とでもしておこう。じゃあ、核文の構成

だ。君に任せる。

塩田丸：はい。まず、第1文の事態を分析していきます。

① 〈考える〉：think で十分。自動詞として用いる。ここは疑問文。「機械」は一般総称的【☞ NOTE 2】に複数形にする。

Can machines think?

② 〈意味をなさない〉：要するに「無意味」ということ。mean nothing, be a nonsense など。

The question meant nothing.

③ 〈考えられた〉：これを「かつて」が修飾する。

It was once supposed that ...

次に合成します。①は「直接話法」のままが簡単ですが、the question と同格にする場合は、接続詞 whether を用います。その際、can は現在形のままでいいのか過去形にするか悩みますが、この問いは普遍性がある(つまり、今日でも立てられる問いである)と考えるのが自然ですから、現在形のままにします。ゆえに、

It was once supposed that the question whether machines can think meant nothing.

油小路：うん、いい調子だ。続けて。

塩田丸：これと対比的なのが第2文前半でしたから、それを構成します。

① 〈適用〉：apply ... to 〜

We can apply the descriptions of our behaviors to machines, not living things. 【☞ NOTE 3】

油小路：ここの「記述」という語句は、description でよいが、これ

も動詞にできないだろうか。

塩田丸：ハイ、describe を使うわけですね。人間は「我々」として、

We describe our behaviors.
We describe machines.
They (=machines) are not living things.

ここで、それぞれの記述の仕方が同じということだから、in the same way ... を用います。さらに、they は which に転換し、かつ、which are は消去できるので、

We can describe machines, not living things, in the same way we describe our behaviors.

② 〈不自然〉：**unnatural**

It is longer unnatural to ...

これを合成すると、

①+② **It is no longer unnatural to apply the descriptions of our behaviors to machines, not living things.**

油小路：随分腕をあげたね。続けて。僕の出る幕はないや。

塩田丸：D'accord.（これはフランス語） では、第3文と第4文を続けてやります。

① 〈発達〉：**develop, advance** を用い、現在完了形にする。「めざましく」は、**remarkably**。

Technology has advanced remarkably.

（注） 名詞化すると、the remarkable advancement of technology.

② 〈チェスをする〉：**play chess**

③ 〈作られる〉：invent を用いる。

④ 〈会話する〉：とくに相手と話し合うということでもないから、talk about... を用いる。

②、③、④をまとめて、

Machines which can play chess have been invented, and also those which can talk consistently about the weather are said to have been invented.

【those which ☞ NOTE 4】

①〜④を合成して、

This is because technology has advanced remarkably; for example, machines which can play chess have been invented, and also those which can talk consistently about the weather are said to have been invented.

塩田丸：どんどん行きます。第5文です。

① 〈問題である〉：The question is...

② 〈作れる〉：invent を用いる。

③ 〈もっと中身の濃い会話〉：talk about more serious matters.

以上をまとめて、

The question is whether we can invent machines which can talk about more serious matters.

全体を整理して、

B Though it was once supposed that the question whether machines can think meant nothing, now it is no longer unnatural to apply the descriptions of our behaviors to machines—not living things. This is because technology has advanced remarkably; for example, machines which can play chess have been invented and also those which can talk consistently about the weather are said to have been invented. But the question is whether we can invent machines which can talk about more serious matters.

油小路：ごくろうさん。いいだろう。

おおた：これなら、立派に一人前と言っていいね。もちろん、手を加えられるところがないわけではないが、これはもう余分なことだろう。最後に、塩田丸クンの駆使した関係詞節化を英文構成の面から見ておこう。

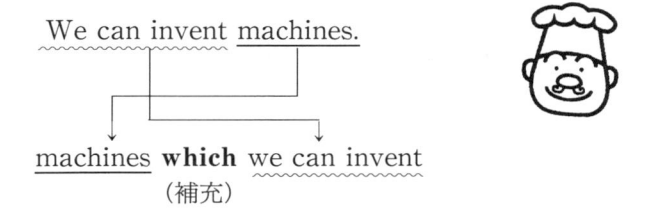

We can invent machines.

machines **which** we can invent
（補充）

という具合に核文中から名詞を左に取り出し、名詞があったもとの位置に関係詞を入れるとできあがる。しかし、この簡

単な操作にカンマの有無といっためんどうなことをきちんと考えないといけない。

　そして最後に、関係詞節に関することと実質的には同じような問題だが、一般に名詞を用いる時に、特定・不特定の区別、可算・不可算の区別といっためんどうなことが問題となる。前回の「ごまかし」の技法をもってすると、大体以下のようにしておくと無難だよ。

　例えば、technology が可算名詞か不可算名詞かわからない場合、the technology と特定名詞にしてやるといいんだ。というのも、the を添加した場合、文脈的に照応することもあるが、非常に一般性の高い「概念」、つまり「...というもの」といった響きになり、これでも、べつに論理的に間違いということはないからである。あるいは、our とか your といった一般人称の所有格にすると、これも可算・不可算の区別に関係なく用いることができるし、the より具体性に富むので使いやすい。

　もう1つ、「法」の問題はどうだろう。法と言うのは、もちろん仮定法とか直接法のことだ。

If I were a bird, I would fly to you.
　「もし私が鳥ならば、君のもとに飛んでいくのに」

　　この英文中の were という動詞を、am とした場合、その評価は不可だろうか。I という人物が、マジで鳥になれると思っているとすれば、それは本人の思想の自由だ。それを不可にするということは、立派に「思想チェック」になる（ちょっと大げさかな）。

LESSON 8 NOTES

＊1 もちろん、こうした受動態を用いなくても、

　　some novels which once affected me deeply

と能動態で書いてもよい。some を those にしてもよい。

＊2 「一般総称的」とはとくに「そ͙の͙機͙械͙」というわけではないからである。一般に、可算名詞の場合は、無冠詞・複数形にするとよい。

　　Children prefer to play outdoors.
　　「子͙供͙と͙い͙う͙も͙の͙は外で遊ぶのが好きだ」

＊3 ここで、

　　machines *which are* not living things

とカンマをつけないまま関係詞をつなぐと、「制限用法」となって、「機械の一部に関しては」という意味を担うことになるので、必ず非制限的にする（＝カンマを入れる）ことが肝心。ただし、こうした点に注意が必要なのは、先行詞が可算名詞の場合だけである。

＊4 　those which... ⇐ those machines which...
このように、名詞の反復によって machines が省略されたのである。

COOKING LESSON 9
免許皆伝への道（その２）

今回は英作文クッキングの素材となる和文を「疑い深く」見るという、ややこれまでとは視点を変えた問題に取り組んでみたい。もちろん、これまでも材料を吟味する目の育成こそ英作文をおいしく料理するための原点であるという視点を堅持してきたわけだが、ここで素材を見極める「目」にさらに磨きをかけておこう。問題の中には結構「いじわる」な問題があり、英文にする以前の問題として和文の内容そのものがわかりにくい、というなんとも情けないものがある。要するに、和文自体の「論理」が通りにくい問題のことである。料理する視点は「論理的」でなければならないが、料理人がよほどしっかりしていないと、つい相手のペースにはまって、へんてこりんな料理になってしまうことがある。さっそく、実例をあげて練習を始めよう。

✗ 「ひっかけ」にひっかからないために

本日のメニュー A

次の和文を英訳せよ。
　日本経済が年10％の成長を続けていた1970年代のオイルショック以前には、テレビのコマーシャルに登場したのは、たいていライオンやトラ、ヒョウやゴリラであった。近年、経済成長率が低下するにつれて、おと

なしい動物がこれらの動物にとって代わり始めてきた。攻撃的でないことはよいことだ、という風潮が広まりつつある。　　　　　〈神戸大〉

塩田丸：なんとかなりそうです。問題はとくに和文第1文の「...以前」までの部分です。つまり「日本経済が...続けていた」という部分がどこにかかるか、ということです。「1970年代」でしょうか？　これはおかしいと思います。

おおた：どういう点が？

塩田丸：はい。なぜなら、オイルショックがあれば経済は成長しないからです。そして、たしが1970年代には2度オイルショックがあったはずです。

おおた：そのとおりだね。「...続けていた」のは「オイルショック以前」だったんだね。

塩田丸：こういうのは「ひっかけ」と言うんでしょうか。それとも、常識のテストなんでしょうか。いずれにせよ、構成上ちょっと厄介なことになります。とりあえず、いつものように「核文」の構成から始めます。

和文第1文：

① 〈成長し続ける〉：**continue to grow**　この主語はJapanでもThe Japanese economyでもよい。

Japan continued to grow economically.
The Japanese economy continued to grow.

　　＊「...の比率で」：at the rate of...
　　＊「毎年」はannualという形容詞をつける。

② 〈オイルショック〉：これは動詞ではないが、「オイルショックが襲う」と解する。「オイルショック」はいわゆる和製英語で、名詞としてはthe oil crisesが正しい言い方。上でも確認した通り2度あったから複数形にしてあります。

The oil crises hit Japan in the 1970's.

③〈登場する〉：appear

Some animals appeared in TV commercials.

④〈ライオン、．．．である〉

They were mostly lions, tigers, leopards, or gorillas.

それでは核文の合成に入ります。

①と②の合成 ⇒ Before ②, ①

Before the oil crises hit Japan in the 1970's, the Japanese economy continued to grow at an annual rate of ten per cent. ────(1)　　　【☞ NOTE 1】

③と④の合成

The animals which appeared in TV commercials were mostly lions, tigers, leopards, or gorillas. ────(2)

(1)と(2)の合成 ⇒ (1). In those days (2).

A 前半

> Before the oil crises hit Japan in the 1970's, the Japanese economy continued to grow at an annual rate of ten per cent. In those days, the animals which appeared in TV commercials were mostly lions, tigers, leopards, or gorillas.

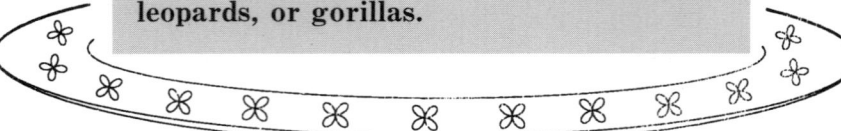

LESSON 9

おおた：うまく問題を切り抜けたね。実に見事だったよ。核文構成ができれば、おのずとこうした「内容的問題」にも気付くだろう。ところで、Before . . . , when . . .【☞ NOTE 2】としたらどうだろう。

塩田丸：はい、それですと before . . . という副詞節を when 節で換言したともとれますが、when 節直前の 1970's を関係副詞 when を用いた節で具体的に説明するという構造にもとれて曖昧です。やはり曖昧な料理は、お客様に無用な心配を与えますから、避けたほうがいいと思います。

おおた：見事な態度だ。第2文を続けてくれ。

塩田丸：はい。かしこまりました。

① 〈低下する〉：**fall, decline**

The rate of economic growth has fallen.

おおた：うん、そうだね。ここで「経済成長率」も動詞になりえる語としてとらえたくなるが、「成長する」を動詞で表現すると、

The Japanese economy has grown less.

としてしまいがちで、これだと「成長しない」という響きになってしまう【☞ NOTE 3】。「成長はしているが、その比率は下がる」という文意を表したいのなら、

The Japanese economy has grown more slowly.

としなくてはならないから要注意だ。

塩田丸：なるほど。第2文を続けます。

② 〈とって代わる〉：**take the place of . . . , replace** など

Tame[Meek, Gentle, Docile など] animals have taken their place. 　　【take their place ☞ NOTE 4】

第3文も続けます。

111

① 〈攻撃的でない〉：**be unaggressive**　上の「おとなしい」という形容詞をここでも用いることができる。

② 〈風潮が広まる〉：一般に人々がそうした傾向にあるということだから、

People tend to . . . .
There is a tendency to . . . .

③ 〈よいことだ〉：「よいことだとみなす」と考えて、

People regard . . . as a good thing.

　　（注）　こういう場合、仮に目的語を不定詞にすると形式目的語が必要となる。より一般性を高めたければ、これを受動態に転換するとよい。

第2文と第3文をいっきに合成します。前文との関係で代名詞を先に置きたいと思います。また「つれて」はasかwhileでよいでしょう。

A 後半

In recent years tame animals have begun to take their place, while the rate of economic growth has fallen. People are tending to regard it as a good thing to be unaggressive.

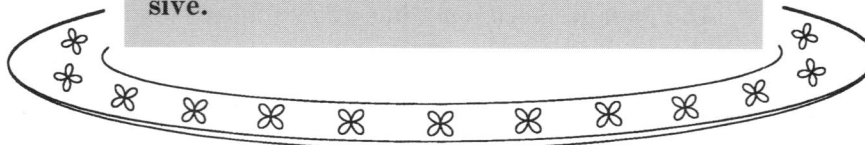

おおた：よかろう。最後のところ、名詞化できないかね。
塩田丸：はい。

Unaggressiveness is increasingly coming to be widely recognized as a good thing.

といったところです。
おおた：よく成長したね。日本経済に勝るとも劣らないくらいだ。
塩田丸：そういう洒落はあまりおもしろくありません。
おおた：ごめん、ごめん。

文脈が与えられている場合・いない場合

おおた：では、もう1つやってもらおう。メニュー**A**も関西系の大学の問題だったが、どうも関西では英作文の比重が高いようだ。次の問題は1992年大阪外大で出題されたものだが、数年前になんと京大でも同じ箇所が出題されていたよ。ただ、外大のほうが親切に「文脈」を与えてくれているから、今日は外大の問題としてやろう。

塩田丸：やはり、上級編は油小路先輩と協力します。最近はめっきり哲学者に老けこんじゃいました。なにかデリタとかいう人とレビナスという人の比較論を読んでいらっしゃって、盛んに「倫理の倫理」とか言ってらっしゃいます。こんな問題だと、その倫理の問題はどうなるのでしょう。

本日のメニュー **B**

次の和文の下線部を英訳せよ。

文明は「誰もが参加できる普遍的なもの、合理的なもの、機能的なもの」を指すのに対して、文化はむしろ不合理なものであり、特定の集団（例えば民族）においてのみ通用する特殊なもので、ほかに及ぼしがたい。つまりは普遍的ではない。

例えば青信号で人や車は進み、赤で停止する。この取り決めは世界に及ぼしうるし、現に及んでいる。普遍的という意味で交通信号は文明である。逆に文化とは、日本でいうと、婦人がふすまを開ける時、両ひざをつき、両手で開けるようなものである。立って開けてもいい、という合理主義はここでは成立しえない。

塩田丸：いやはや、大変な問題ですね。これでも一部カットしてあるんですってね。

油小路：京大バージョンでは、「例えば」というところから出題されていたけれど、これはちょっと無謀だったね。何の「例」なのか、さっぱりわからないからさ。じゃあ、〈全体のレイアウト〉を作ってみてよ。

塩田丸：「文明の普遍性」と「文化の特殊性」が対比的に論じられています。前者の例が「交通信号」、後者の例が「ふすまの開け方」です。

油小路：そう、その普遍性とか特殊性という概念が外大バージョンでは与えられているからいいものの、それがなかったら例から書くのはおかしいよね。メインディッシュなしで、スープとかデザートだけで「召し上がれ」っていうことになる。

Civilization refers to something universal, something rational, something practical, that is to say, something that is open to everybody. On the contrary, culture refers to something irrational, which only some particular groups of people (say, a nation) can accept. In a word, culture lacks universality.

こんな書き出しがあるという前提で考えてみよう。

おおた：はい。まず、「信号」のほうから。

① 〈進む／停止する〉：go forward/stop　人と車は or でつなぐ。「一緒に」という感覚をさける。

**People or cars start to go forward.
They stop.**

② 〈青信号〉：「青に変わる」と解して、

The traffic signal turns green.
It turns reds. 【turn ☞ NOTE 5】

　　　ここまでを合成します。

People or cars start to go forward when the traffic signal turns green, and stop when it turns red.

油小路：when 節を簡単に at the green light, at the red light としてもいいね。特定の信号だから、定冠詞をつけておく。
塩田丸：わかりました。では、第2文と第3文です。

①〈及ぼす〉：accept をここでも使ってみます。

This regulation can be accepted all over the world.
It is, in fact, accepted.
⇒ **This regulation can be, and in fact is, accepted all over the world.**

②〈普遍的〉⇒何が？＝「この取り決め」

In a word, it is universal.

③〈交通信号〉：これ自体がイコール文明というのは強引で、「この取り決めを守ること」が「文明的行為」である程度だと具体的に考える。

To keep such a regulation can be called civilized.

Those who keep such a regulation can be called civilized.
【civilized ☞ NOTE 6】

油小路：うまくかわしたね。
塩田丸：第4文は問題です。すでに文化の特殊性が文脈的に指摘されているという前提で、さっそく「ふすまの開け方」の例に言及するのがよいと思います。

① 〈開ける〉：**open**　「ふすま」は fusuma とローマ字表記で十分。

Women open "fusuma."

② 〈ひざをつく〉：**be on one's knees**

They are on their knees.

③ 〈開ける〉：①と重複！　ゆえに、

with their (both) hands

　①〜③を合成して、

In Japan, women open "fusuma" on their knees and with their hands.

油小路：2つの副詞句を and でつないだのは、それぞれの開け方がここでは問題になっているからで、1つ1つを対等に強調するためだね。

塩田丸：は、はい。そこまではとくに考えていませんでしたが．．．。最後の第5文を続けます。

① 〈立って開ける〉：また「開ける」が重複するので、ひと工夫したい。事態を正確にとらえると、「立ったまま」とは、要するに「ひざなどつかずに」ということである。

They need not fall on their knees.

② 〈合理主義〉：これも難解である。やはり下線部の上の部分で、文明の性格として「機能的、合理的」という言葉が見られたが、それに従っている。ゆえに、「主義主張」ということではなく、「合理的な考え」といった程度に解するべきである。さらに、「ひざまずくことに比べて」という語感から、比較級を用いるとよい。

It is more practical to . . . .
It is a more rational idea that . . . .

おおた：ちょっと待って。ここが一番難しいところだ。まず、こうした「合理的な考え」を抱く主体を設定したほうが以下の部分とつなぎやすいと思うよ。

塩田丸：それは文脈的な問題ですね。もちろん考えています。というのも、次に、

① 〈成立する〉：主義が成立するということは、日本で受け入れられるということである。ゆえに、

In Japan such an idea cannot be accepted.

とし、したがって②を、

You think that it is more practical to . . .

としてやるわけです。

　ここでまだ問題が残っています。そう、「文化は」の部分です。いくら「...のようなものだ」とあっても、「比喩」ではありません。もちろん、文化が特殊であることの例です。もう1度、ここでこの点を指摘した上で、「ふすまの開け方」を例として位置づける必要があるでしょう。

④ 〈文化とは...のようなものである〉：

Culture is not universal.
Culture is specific to a given nation.
The way of opening "fusuma" should be regarded as culturally bound.

など、適当に文を構成して、うまく「ふすまの開け方」につなげます。

油小路：じゃあ、重複するけど下線部の訳をまとめてもらおうか。

塩田丸：はい。

B

For instance, people or cars start to go forward when the traffic signal turns green, and stop when it turns red. This regulation can be, and in fact is, accepted all over the world. To keep such a regulation can be called civilized. On the contrary, culture is specific to a given nation. In Japan, for instance, women open "fusuma" with their hands and on their knees. If you think that it is more practical for them to open it without falling on their knees, such an idea cannot be accepted here in Japan.

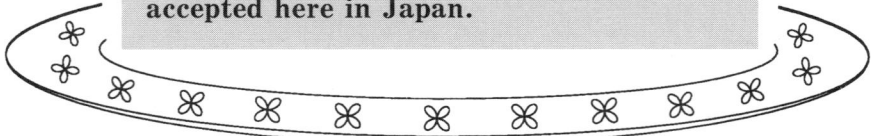

おおた：よく頑張ったね。この問題は超難問と見ていいが、やはり和文の解釈が問題となる場合は、もう英語の力以前で解答の質が決まってしまうわけだ。油小路クン、もし京大バージョンだったらどうする？

塩田丸：といいますと？

おおた：下線部だけしか与えられていないとしたら、だよ。

油小路：やはり文明と文化の相違について、1文書き足します。

おおた：そうだ。和文に書いてないことを書くと言うと、多くの受験生は当惑すると思うが、英文の論理という点ではいたしかたない。次のような〈全体のレイアウト〉に従って free trans-

LESSON 9

lationに近いやり方で料理してみよう。

〈第1文〉　文明の普遍性 vs 文化の特殊性
〈第2文〉　第1文の例
〈第3文〉　第2文の例

B'

> Civilization is universal. The regulation of traffic is a typical example. People all over the world can, and in fact do, accept the rule that pedestrians or cars can start going forward at the green light, but should stop at the red light. But culture is not universal. In Japan, for example, women fall on their knees to open "fusuma" with their hands. If you think it more practical to open it without falling on one's knees, your rational idea cannot be accepted here in Japan.

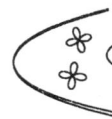

塩田丸：京大バージョンでこうした英文を綴るというのは、至難の業ということですね。

油小路：塩田丸クン、それを言うなら、「師範の業」だよ。

おおた：要するに、文脈抜きの「短文」を英文にするという英作文と、これだけの「長文」の英作文では、全く別の考え方が必要なのだ。相手に通じる論理で考えることだ。

LESSON 9 NOTES

＊1 よく質問されるのは、Before..., S V X という場合の主節の動詞の時制の問題である。ここでは、hit の前になるのだから、had continued to... が正しいという意見があるだろう。もちろん、そうしてもよいが、before 自体が時の前後関係を明示しているのだから、わざわざ完了形にして、どちらが先の事態かを言う必要はない。

＊2 つまり、

Before the oil crises hit Japan in the 1970's, *when* the Japanese economy continued to grow...

という形式にしてはどうだろう？　という示唆である。

＊3 もちろん、less の仕業である。less はあくまで「否定語」として考えるようにしてもらいたい。

＊4 take the place *of them* ⇒ take *their* place

＊5 「信号が変わる」は turn を用いる。

＊6 civilized は形容詞で「文明的」という意味。

COOKING LESSON 10
これまでの総復習として卒業試験で実力試し

今回で英作文のクッキング・コースをひと通り終えることにしよう。試験場で本当の意味で「助っ人」となってくれるのは、君自身である。ひょっとしたら風邪をひいて調子が出ないという不測の事態が起こる可能性もあるが、常日頃からシンプルな方法を心掛けてきた人は、少しばかり体調が悪くても「びびらない」はずである。複雑な思考をすれば当然混乱と焦燥が君を待ち受け、せっかくの力が発揮できないということにもなりかねないのだ。今回からは今までくどいほど述べてきたシンプル・クッキング法の総復習を行なう。試験場でつまずいた場合、以下の指針をよーく思い出し、冷静に難局を打開してもらいたい。「基礎」から順に問題をやってもらう。いわば卒業試験と思って果敢に挑戦してほしい。

✗ 基礎的な問題こそ実力が試される

本日のメニュー A

次の和文を英訳せよ。
1. 外国人留学生の中には、日本を手厳しく批判する人が少なくないことは注目に値する。
2. 今まで私が読んだ多くの本の中で、今ちょうど読み終わった小説ほど感銘を受けた本はない。 〈高知大〉

塩田丸：いよいよひとり立ちの日ですね。なんだか感慨深い気がします。この問題は本当に基本的で、まだ修行を始めたばかりの頃、とても苦労したことを思い出します。しかし、油断は禁物。基本こそ、本当の力が試されるからです。

おおた：君も立派なことを言うようになったね。ともかく問題を片付けて。私はここでじっと見ているだけにするよ。

塩田丸：はい。その前に、もっとも重要で基本的なことを復唱します。

★英文は動詞が決まれば構造も決まる。

⇒核文の構成。

⇒和文中から動詞、もしくは動詞にすることができる語句を取り出す。

⇒構造が複雑になりそうであれば、「事態図」を作成する。

おおた：そのとーり!! では基本にのっとって、1.からやってくれたまえ。

塩田丸：ハイ。

1.について：

    和文中の動詞：①〈批判する〉、②〈少なくない〉、③〈注目に値する〉

      (注)「少なくない」は「数量詞」で表現するから、主語となる名詞に付加すればよい。

①〈批判する〉⇒誰が？＝「外国人留学生」

[多くの外国人留学生]—〈批判する〉—[日本]
    (S)   (V)   (O)

    (注)「...の中の」は強いて言えば、N of N (N は名詞句)となるが、無視してもよい。

    (注)「批判する」は、criticize が最も簡単だが、speak ill of ... としても減点されないだろう。

    (注)「日本」は、Japan/our country でよい。

① a. **A lot of students from abroad criticize Japan.**
① b. **Not a few students from another country speak ill of our country.**
① c. **There are not a few among foreign students who criticize our country.**
① d. **Quite a lot of students from abroad point out the faults of our country.**

などといろいろ書けます。

おおた：うん、よくできたね。でももちろん、① a. で十分だよ。

塩田丸：では、続けます。

② 〈注目に値する〉⇒誰が？＝「我々」

[我々]―〈？？？〉―[そのこと]

(注) 〈？？？〉の部分にはどんな動詞が入るだろうか。例えば、pay attention to..., not ignore... といった表現で減点されないだろう。

② a. **We should pay much attention to that.**
② b. **We should not ignore that.**

塩田丸：①と②を合成します。一番単純なやり方として、等位接続詞が使えればそれを使います。

①＋② **Not a few students from abroad criticize Japan, and we should not ignore that.**

おおた：ウム。この例は稚拙だが、減点しようがない。ただ、もう少し手を加えるとすれば、最後の that の後ろに①を続けて、

A-1

We should not ignore (the fact) that not a few students from abroad criticize Japan.

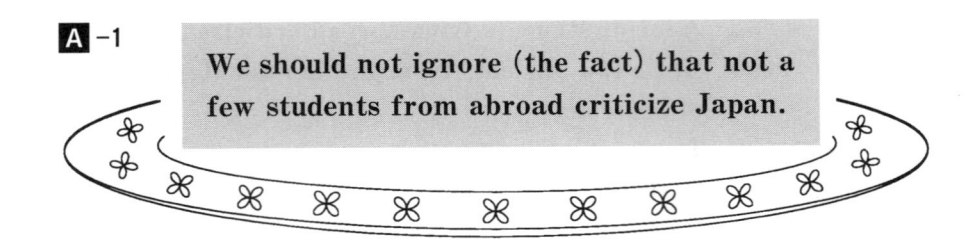

さらに②で形容詞を用いて、

It is noteworthy that...

とすることもできるね。

塩田丸：ハイ、その程度はできないと困ります。**A**-2に移ります。

2. について：

① 〈読む〉：「これまでに」とあるから現在完了形にする。

I have read a lot of books.

② 〈読み終えた〉：これも現在完了形。

I have just finished (reading) a book.

③ 〈感銘を受けた〉：**be impressed, be moved** あるいはその能動態。

　(注) この問題は「...ほど...はない」という比較構文を利用する問題である。面倒だなと思う人は、「最上級」を用いればよい。ただし、練習としてその他の表現も試してみることが必要。

③ a. **I am deeply impressed with[by] the book.**

③ b. **No book has impressed me as[so] deeply as the book.**

③ c. **The book is impressive.**

(注) さらにこの問題では「...である本」という具合に「関係詞節」を利用できるとよい。これは、核文の合成の段階の問題である。

塩田丸：では、核文の合成に行きます。2通りのやり方でやってみます。

(1) **等位接続詞を用いる**。

I have read a lot of books. And now I have finished reading a book. The book is the most impressive.

おおた：これは、なんとか言いたいことはわかる、といった「受験英語」だが、減点しようがないんだから、これでも OK じゃ。

塩田丸：そうですね。次にもう1つのやり方です。

(2) **関係詞節を用いる**。関係詞節の作り方は、「事態図」から簡単にできる。

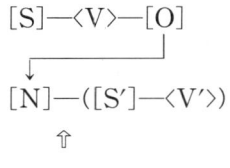

[S]—〈V〉—[O]
　　　　｜
[N]—([S']—〈V'〉)
　↑
関係代名詞

I have just finished reading a book.
⇒ **a book（which I have just finished reading）**
　　↓
　the（必ずしも the にしなくてもよい）

では、まとめます。

A-2

> I have read a lot of books. None of them has impressed me as deeply as the book I have just finished reading.
>
> Of the many books I have ever read, the book I have just finished is the most impressive.

おおた：そうそう、この程度で入試は突破できるのだ。じゃ、次の問題。油小路クンも一緒にやってもらおうか。

✗ 難しい和文は文脈をよ〜く考えて

本日のメニュー **B**

次の和文を英訳せよ。
　最近東欧やソ連で起きた一連の歴史的事件を見ると、我々の時代では、異文化の背景をもつ人々との出会いは避けがたいように思われる。だが一方、輸送や通信がますます容易になると、文化の違いが消えて、いたるところにファーストフードや使い捨て商品などが出回る可能性もある。だから、今まで以上に人間同士のコミュニケーションをより豊かにより深くする努力が必要である。　　　　　　　　　　〈広島大〉

油小路：これは難しい問題ですが、方法は変わりません。ただ、文脈を考慮することから始めます。
塩田丸：この問題には丁寧なことにも「ソ連」は旧称のままで英語にせよ、といった指示がついていました。全体は、

LESSON 10

〈第1文〉―「だが」―〈第2文〉―「だから」―〈第3文〉

という具合に理路整然としています。

油小路：そうだね。まず、第1文の料理から。

ステップ1　〈核文の構成〉

① 〈起こる〉：S occur in ...

A series of historical events has[have] recently occurred in Eastern Europe and the Soviet Union.

　　（注）「起こる」はほかに、take place や happen でもよい。

おおた：「歴史的」を「歴史の動きに影響を及ぼす」と難しく（？）解して、

A chain of events which has[have] a great influence on the movements of human history has[have] happened recently.

とすることもできるが、この構文では、which 以下を文末に移動させるのが決まり。したがって、結構難しい。そこで、ついでに格好をつけて、

There has recently occurred a chain of events in Eastern Europe and the Soviet Union which has[have] a great influence on the movements of human history.

とでもしておこう。じゃ、油小路クン続けてくれ。

油小路：ハイ。

② 〈もつ〉：S have O

People have different cultural backgrounds.

ここもいろいろ表現できます。

People's cultural backgrounds are different. There are differences among cultural environments in which people grow up.

おおた：そうだね。ただし、シンプルなのが一番よいのだよ。

油小路：そうですね。

 ③〈出会う〉：「避けがたい」は「必然的に」と副詞で表現する。

They inevitably meet one another.

 （注）「...と思われる」は、文頭に it seems that... と付加しておけばよい。

ステップ2〈核文の合成〉：ここはいろいろなバリエーションが楽しめると思いますが、何はともあれ、等位接続詞を用いる方法でやってみようと思います。

 まず②と③とを合成します。②を関係詞節を用いて名詞句にするのが一番よいでしょう。しかし、これは前置詞 with ... で have... を表現できます。

A series of historical events have recently occurred in Eastern Europe and the Soviet Union. In view of these events, it seems inevitable that people with different cultural backgrounds should meet one another.

 （注）「必然的に」はさらに inevitable と形容詞にした。

 もう1つ別のやり方は、①を関係詞節を用いた名詞句にするものです。そして、③の meet を名詞化して、meeting, encounter などを用います。

B 第1文

> It seems that a chain of historical events which have recently taken place in Eastern Europe and the Soviet Union have made inevitable the meeting of people with different cultural backgrounds.

おおた：ウン、いいだろう。ほかにもいろいろ考えられるが、受験生諸君はそれぞれ自分で試すこと。じゃあ、第2文に行ってみようか。

油小路：かしこまりました。

第2文について：
ステップ1 〈核文の構成〉

① 〈輸送と通信〉⇒何を？＝「商品」を「輸送」し、「互いに」「通信」する。

We can more and more easily transport goods and communicate with one another.

　　（注）これを変形すると、It has become easier to transport goods and to communicate with one another. となる。

② 〈消える〉：「人々」を主語にすれば、「忘れる」ということ。

People have forgotten the cultural differences. The cultural differences have disappeared.

③ 〈出回る〉：これは、「いたるところに見出せる」ということ。

Fast foods and disposable goods can be found everywhere.

（注）ここの語彙は結構難しい。「ファーストフード」は、short order food, pop food, junk food, road food などいろいろな表現がある。「使い捨て」は、いざとなれば文で表現すればよい。「使ってすぐ捨てる」ということだから、those products[goods] which are thrown away soon after they are used と表現できる。

ステップ2〈核文の合成〉：第1文のつながりで、文頭に But, on the contrary などをつけておきます。②と③は「並列」の関係でよいでしょう。とくに注意すべきことは、第1文に対し、①、②、③のどれが「対比」されているかを明確に意識することです。当然、②と③です。そうすると、①を文末に回すのが一番簡単だと思われます。

② and ③, as ①.

という具合ですね。ですから、

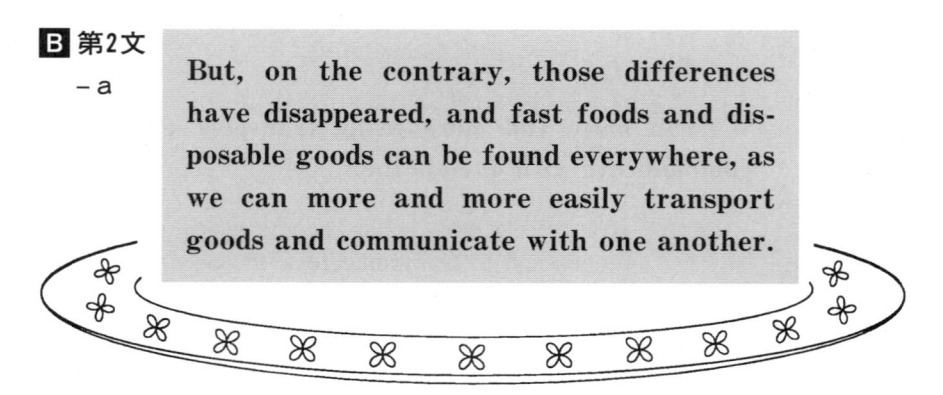

B 第2文
－a

> But, on the contrary, those differences have disappeared, and fast foods and disposable goods can be found everywhere, as we can more and more easily transport goods and communicate with one another.

おおた：①はもちろん名詞で表現することも可能(語彙力のバックアップがあれば)だね。

LESSON 10

the easier means of transportation and communication

この場合は、②の核文と対比的な意味を出すために、前置詞 with「...とともに」でつなごう。

B 第2文
-b

> But, on the contrary, with the easier means of transportation and communication, people have forgotten the differences among their cultures, and they can find everywhere fast foods and products which can be thrown away soon after they are used.

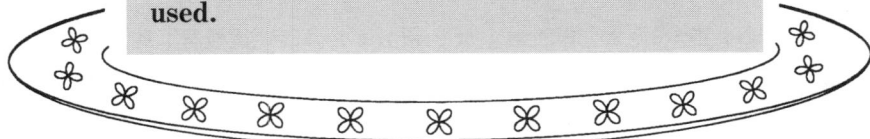

油小路：では、続けます。

第3文について：
ステップ1 〈核文の構成〉

　① 〈豊かにより深くする〉：**enrich and deepen**

People should enrich and deepen their communication.

　　（注）もちろん「我々」を主題にして、We should make our communication richer and deeper. とすることもできる。いかにも「受験英語」だが、減点できない。

　② 〈努力〉：**make efforts to** ... で決まり！

People should make greater efforts to ...

ステップ2〈核文の合成〉

B 第3文

Therefore, people should make greater efforts to enrich and deepen their communication.

塩田丸：先輩、「今まで以上に」というのはどこに訳されているんですか？

油小路：「今まで以上に」は greater という「比較級」を用いることで十分表現されているんだ。「どうしてもハッキリ表現したい」という人は、make greater efforts than ever to... というように ...than ever を付加しておくといいよ。

おおた：さて、この問題はいわゆる2次試験タイプの典型的(＝標準的)問題だね。ある程度、語彙力を身につけた人たちは、結構上等な表現で書けたのではないのかな。
　ここに、私がやや free translation に近い例を書いてみたので参考にしてほしい。

B'

In our age, the inevitable fact is that people with different cultural backgrounds come across each other. The instance of those successive historical developments in Eastern Europe and the Soviet Union represents one of the most remarkable factors in the orientation of our age. But, on the contrary, people have forgotten the unique individualities of their cultures with increasingly easy means of transportation and communication; fast foods and disposable products can be found everywhere. Therefore, we are forced to conclude that people should make greater efforts to achieve richer and deeper communication.

おおた：最後にもう1度シンプル・クッキングの奥義をまとめておきたい。

―――――――――〈シンプル・クッキングの奥義〉―――――――――

(1) 試験場では様々な制限がある。とりわけ「辞書」がないという状況で、**限られた語彙力でなんとか英文にする**という条件の下では、まず自分の「思考力」が大きな助っ人である。⇒**思い出すより考え出せ。**

(2) **簡単な思考法を用いる。**

(3) **考える範囲を限定する。**

(4) 下書きはどれほど汚なくてもよいが、**清書は1字1字丁寧に書く。**

(5) 時間がなければ、重複部分の省略・代名詞化に注意しながら、核文を**等位接続詞で適当に合成する。**⇒**複雑化するとミスの可能性が高まる。**

COOKING LESSON 11
出題形式別英作文の調理実習で実戦に備える

LESSON 10 の卒業試験を無事クリアした塩田丸クンはさらに料理人としての腕を磨くべくフランスへと旅立って行った(英作文シンプル・クッキングなのに、なぜフランスなのかは謎なのだが...)。この LESSON では、前回までに培われたはずの英作文の「知恵」を活かし、入試問題の実際に即して演習をしていこう。ひと口に英作文といっても、その出題形式は実に様々だ。客観的な知識問題から、いろいろ工夫を要する純英作文までバラエティーに富んでいるが、まず基本的な整序形式、条件英作文、全文英作文という順序で演習に挑戦してみよう。

✗ 問題形式1　整序問題

本日のメニュー A

和文が表す意味と同じ意味になる英文を、与えられた単語を並べ換えることによって完成せよ。

1. 君はただ勉強しさえすればよいのだ。
   you, work, to, have, all, do, is, to　　　　　〈広島経済大〉
2. 日本の経済的繁栄は電子産業と大きな関係がある。
   the, has, prosperity, do, to, much, of, economic, Japan, the, with, electronics, industry　　　　　〈玉川大〉

3. 皆様の訪問が素晴らしくて有益な経験となり、長く思い出に残るよう願っております。
   experience, your, you, we, informative, long, a, be, want, visit, will, wonderful, to, and, remember 〈慶應大〉

4. あなたがひとこと言えば、緊張をやわらげるのに役立ったでしょうに。
   a, ease, from, helped, tension, the, you, word, would, have
   〈早稲田大〉

おおた：ここでは、問題の解き方を中心に詳しく述べることにする。整序問題はひとことで言えば、「核文の構成」の問題である。したがって、当然、次のような手順を踏めば難なく解答できよう。

―――〈整序問題を解く場合の手順〉―――
(1) 動詞の確認⇒自動詞・他動詞の区別、以下の構造の確認
(2) 主語の決定
(3) 修飾語句の配置
(4) 和文をヒントとする

1. について：
   (1)動詞の確認と、(2)主語の決定を行なう。

   ① do ⇒誰が？＝you　ゆえに、

   You do something.

   ② have ⇒これは to と合わせて、**have to** となる。

   ③ work ⇒誰が？＝you [①で使用済み！]

   ④ is ⇒ S is C ⇒③から **S is to work**

   　　①は S にするために名詞化して、**what you have to do**

とすればよい。

(3) 修飾語句の配置：all が余っているが、これは、

something which you have to do
⇒ **all (that) you have to do**

という表現の知識が必要である。

A-1

All you have to do is to work.

(注) これは、You have only to work. という文と同義である。

2. について：

(1) 動詞の確認

〈関係がある〉：**have . . . to do with**

(注) これは、即座に組み合わせられるはず . . . の部分には much が入り、「関係の多さ」を表す。

(2) 主語の決定

〈経済的繁栄〉：**the economic prosperity of Japan**

(3) 修飾関係の決定

〈電子〉〈産業〉：**the electronics industry**

A-2

The economic prosperity of Japan has much to do with the electronics industry.

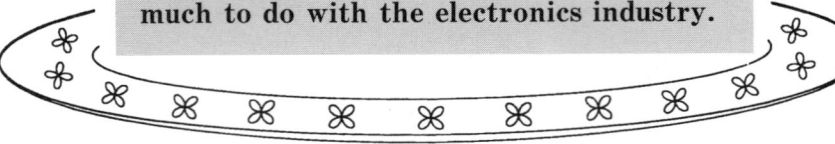

3. について：1. と 2. は基本表現を知っているかどうかが問われているが、ここは「構成力」がある程度必要である。

(1) 動詞の確認

① 〈願う〉：**want**

S want O to V′ . . .

　　（注）　to が存在することに目を向けると、上の形式が決まる。

② 〈思い出〉：**remember**

S remember O

　　（注）　ほかに、「訪問」「経験」という名詞も動詞で表現できるが、S となるものが we, you の 2 語しかないこと、および visit, experience の目的語となる名詞がほかに見当たらないことから、remember を動詞とみなす。

(2) 主語の決定

①には we、②には you と決まる。

(3) 修飾語句の決定

wonderful, informative は形容詞、long は副詞(形容詞にもなる)。

① 〈素晴らしくて有益な経験〉

LESSON 11

a wonderful and informative experience

（注） informative という単語の意味を知らなくてもちゃんと並べられるはず。

② 〈長い思い出〉となるのは何か？＝「経験」　よって(1)の②から、

You remember that experience.

しかし、experience は 1 つしか与えられていないので、

experience which you will long remember

と関係節になる。which も与えられていないから省略。

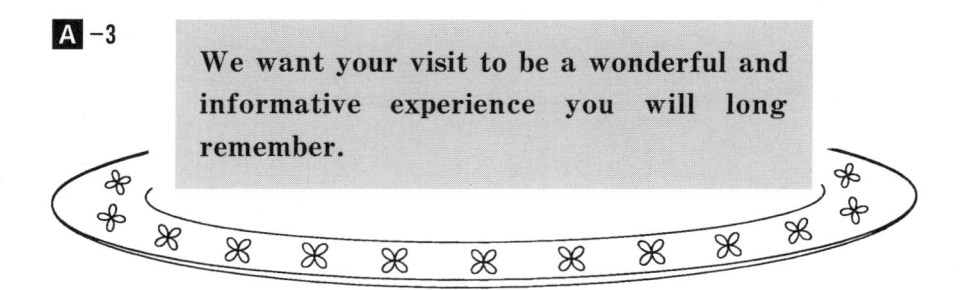

A-3

> We want your visit to be a wonderful and informative experience you will long remember.

4．について：

(1) 動詞の確認

① 〈．．．だったでしょう〉：would have p.p.

S would have helped

(2) 主語の決定

you にすると、目的語が見当たらない。ゆえに、**a word**「ひとこと」

(3) 修飾語句の決定

from という前置詞がくせもの。help...from... としたくなるが、そうはいかない。**ease** を名詞とするか、動詞とするかが分かれ目。(1)に関連するが、

S help (to) V...

という形式を思い付くかどうか。したがって **(a word) from you** が正解。

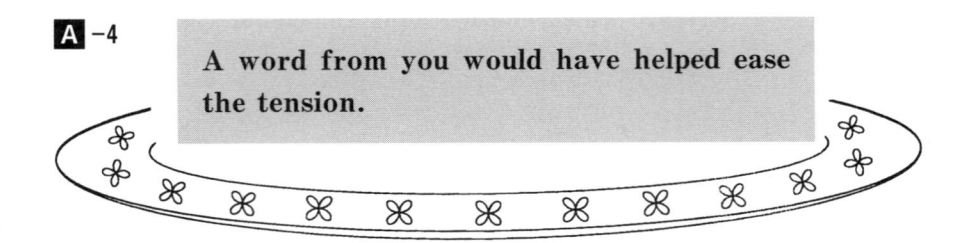

A-4

A word from you would have helped ease the tension.

✗ 問題形式2　条件英作文

指示通りに英文を構成させる問題で、基本的表現力を問うとともに、別解をなくすのが出題の目的。逆に指示がヒントと思えれば楽。

本日のメニュー **B**

次の和文を指示に従って英訳せよ。
1. 英文法の規則を学ぶにはひと月あればよいが、その例外を身につけるには一生かかる。
   (A month...but... を用いて)　　　〈明治学院大〉
2. 読書しない人は、ほかの世代の人を理解するのが困難である。
   (Those who... を書き出しにせよ)　　　〈学習院大〉
3. 本当にこの本はもう要らないんですか。
   (sure, need を用いて10語で)　　　〈早稲田大〉

おおた：ここではついでに、「事態図」を作って解説しよう。

1. について：

① 〈学ぶ〉：S learn O

[you]—〈learn〉—[the rules of English grammar]

② 〈...よい〉=「...で十分」：S be enough.

[a month]—〈is〉—(enough)

　　①と②との合成がポイント。enough to V... を思い付くかどうかが分かれ目。①を不定詞化するが、主語は you にしろ、we にしろ一般人称だから省略。

①+② **A month is enough to learn the rules of English grammar.**

③ 〈一生かかる〉：**take** を用いる。

It will take a lifetime to V...

　　①+②の文と対比的な形式にするために、

A lifetime will not be enough to V...

とすることもできる。

④ 〈身につける〉：**master** を用いる。

B-1

> A month is enough to learn the rules of English grammar, but it will take (you) a lifetime to master their exceptions.
>
> ..., but a lifetime will not be enough to master their exceptions.

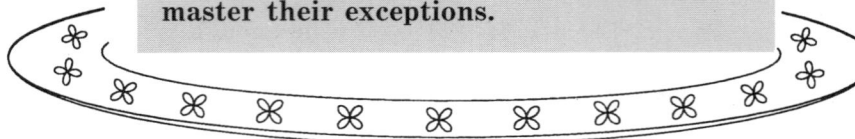

2. について：

① 〈読書〉：**read books**

② 〈理解〉：**understand**

③ 〈困難〉：**is difficult**

ポイントは③の構成である。

[those who ...]─〈？？？〉─{[it]─〈is〉─(difficult)}
                                    ‖
                              [to understand people of
                              another generation](真主語)

〈？？？〉の部分にはどんな動詞が的確だろう。そう、find だ。find O C という形式にしよう。

B-2

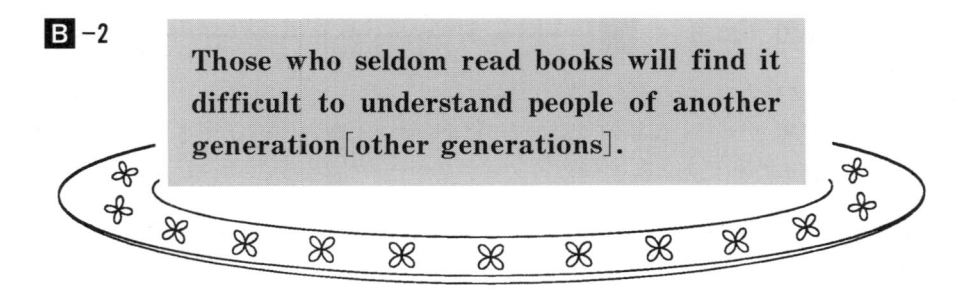

> Those who seldom read books will find it difficult to understand people of another generation[other generations].

3. について：

① sure から、

you are sure that ...

　　（注）it is sure that ... とは言わない。

② 〈必要〉：**need**

[you]—〈need〉—[this book]

B-3

> Are you sure (that) you no longer need this book?

　　（注）no longer の代わりに、no more, not ... any more などでもよい。

✕ 問題形式3　全文英作文

例えば文法項目を柱とした全文英作文は、問題のポイントが自分でも明確に意識されているのが望ましい。

本日のメニュー C

次の和文をカッコ内の文法項目に注意して英訳せよ。
1. 世界には、生きていくのに十分な食物さえ買うことができずに、飢えのために死ぬ人が何百万人もいます。(不定詞) 〈和洋女子大〉
2. 転職をする人は日本よりも合衆国のほうが多い。(比較級) 〈中央大〉
3. 東京では交通が渋滞し駐車場がないので、自家用車で出勤する人が減っている。通勤電車と地下鉄が縦横に走っているので、自家用車はほとんどいらない。(否定語句) 〈大阪教育大〉
4. 君に言われたとおり、もっと勉強しておくんだった。(時制)
〈東京大〉

1.について：

① 〈生きていく〉⇒「生かしておく」: **keep people alive**

② 〈買うことができる〉: **afford (to buy)**

③ 〈飢えのために死ぬ〉: **die of starvation**

③を主節とする。①と「十分な」の部分で不定詞が活躍する。

[millions of people]—〈die〉 ——— (1)
　　　　　　　　　↑
　　　　　　　{of starvation}
[they]—〈afford to buy〉—[enough food] ——— (2)
　　　　　⇧　　　　　　　　　　↑
　　　　cannot　　　　[to keep them alive]

(1)と(2)を、because で合成する。

LESSON 11

C-1

> In the world millions of people die of starvation, because they cannot afford (to buy) enough food to keep themselves alive.

(注) die of ... の of は「原因」を表す。cannot afford to ... は「余裕がない」という意。

2. について：

① 〈転職〉：change one's job

② 〈多い〉：the number of ... is larger[greater] than ... /More ... than ... など。

簡単な方法で十分。①と②を合成すれば、

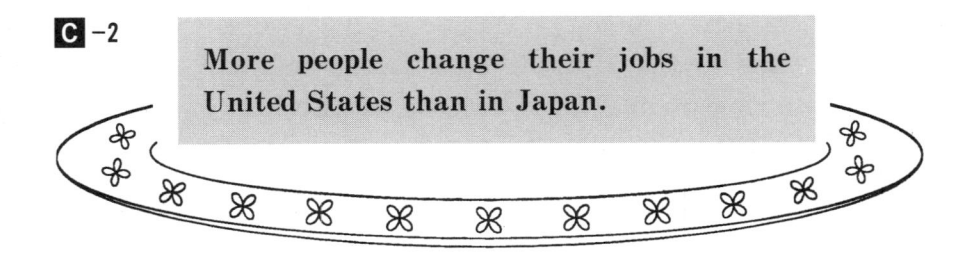

C-2

> More people change their jobs in the United States than in Japan.

3. について：これは本格的な英作文とみなしてよい。

第1文：
ステップ1 〈核文の構成〉

① 〈渋滞〉：S is heavy

145

The traffic is heavy.

② 〈駐車場がない〉: few parking spaces, few spaces to park cars

There are few parking spaces.

③ 〈出勤する〉: go to work, commute to work

People commute to work in their own cars.

④ 〈減る〉: decrease, less and less...

The number is decreasing.

ステップ2 〈核文の合成〉: ①と②は、③と④の理由だから、

C-3
第1文

In Tokyo the number of people who commute to work in their own cars is decreasing, because the traffic is heavy and there are few parking spaces.

Less and less people go to work in their own cars in Tokyo because of the heavy traffic and the lack of parking spaces.

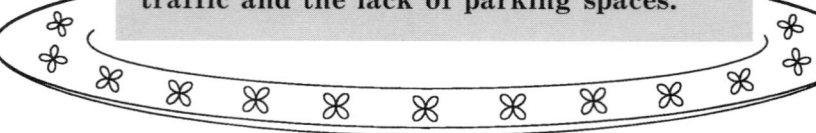

(注) 2番めの文では、because節を名詞化した表現を用いている。

第2文：

① 〈走っている〉：run ではなく、**crisscross** あるいは **be available** など

The commuter trains and subways are available all over the town.

② 〈ほとんどいらない〉：**S hardly need to V . . .**

They hardly need to drive their own cars.

They have little need for private cars.

①を②の理由として合成すると、

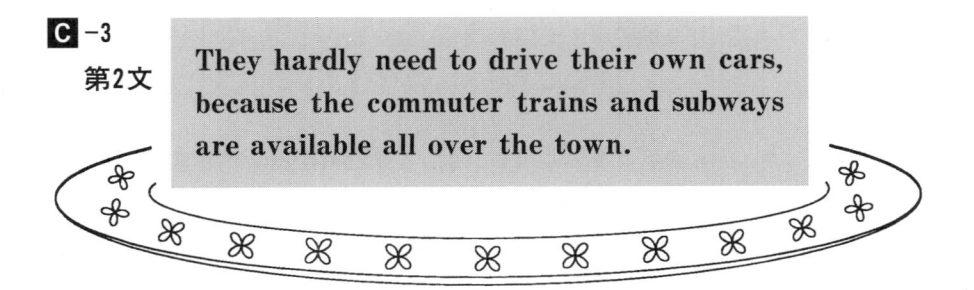

C-3
第2文

They hardly need to drive their own cars, because the commuter trains and subways are available all over the town.

4. について：

① 〈言う〉：say よりは、**advise, suggest** など

You advised me . . . .
　　（注）ここは「過去形」で十分。

② 〈. . . しておくべきだった〉：**ought to have p.p.**

I ought to [should] have studied harder.

①と②の合成は、①を「. . . ように」と解して、as を用いるのがポイント。

C-4

> As you advised me, I should have studied harder.

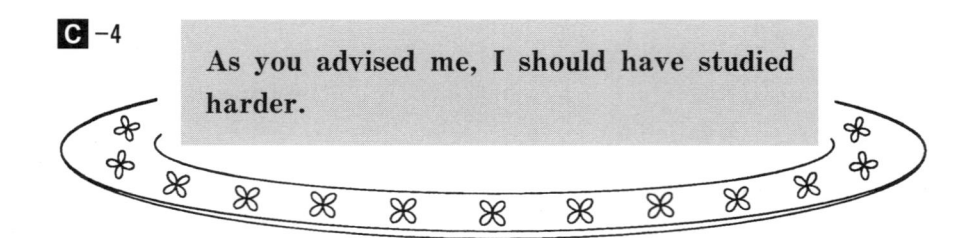

おおた：こうした問題は、これまでの日々の学習の成果をそのまま活かすべき問題である。文法項目としては、なにも英作文の問題を演習しなくても、文法問題を復習するだけで十分カバーできる事柄であるから、繰り返し復習することが大切である。

最後に、純粋な語句の知識を問う問題があるが、これも学習過程全体で身についた知識を活かすわけだから、逆にあわてて準備する必要もない。例えば、

a.「あいつといると息がつまる」
b.「う、息をつく暇もないほど忙しい」

を英訳してみよう。「息」を breath という単語を使って表現できるかというと、そうでもない。こうした問題は結構難しいわけだ。

ちなみに、上の和文は、

a. It is suffocating to be with him.
b. I am so busy now (that) there isn't even the time to catch my breath.

といったところが英訳になる。こうした語句に関する知識はやはり、今後も多様な英文に取り組む中で身につけていくべきものである。だから、精読中心の学習を最後まで放棄してはならない。次の LESSON では、長文英作文の演習を行ない、総まとめをしよう。

COOKING LESSON 12
重要ポイントのおさらいと最後の調理実習

今回でこれまでの英作文シンプル・クッキング法の修行がめでたく終了する。最後のLESSONでは、また実際の入試問題を料理しながら、シンプル・クッキング法の最重要ポイントを振り返ってみよう。さらに、何人かの見習いクンたちにも参加してもらい、おおたシェフからの質問に答えるという形で最後の実習を行なう。今のキミならば、英作文がいかに単純な手順でなされるか、困った時はどうすればいいか、十分にわかっているはずだ。ベテランシェフといえども人の子、間違いをおかすこともある。その時、どう「ごまかす」か、そのあたりが重要なのだ。

✗ 最重要ポイントのおさらい

おおた：さて、いよいよ最後のLESSONですね。お元気ですか。実は私もよく失敗をしでかすのですが、ベテランのベテランたる所以はこうした場合になんとか食べられる料理が出せるということです。さっそく演習問題を出します。まず皆さん、自由に料理していただけますか。この問題を解きながら、シンプル・クッキング法の最重要ポイントをおさらいしていきましょう。活字が大きくなっている部分が大事な所ですぞ。

本日のメニュー A

次の和文を英訳せよ
　芸術は人間性を示し、魂を向上させ、ともかくも生きる勇気を与えるのである。この大量生産の時代にあって、我々はいやでも機構の一部にされる。機械的な仕事の繰り返しにより、我々は人間以下の存在になり下がり、その結果心の治療が必要になる。よい音楽、文学、美術は人間性を取り戻すための精神的必要物なのである。　〈日本大〉(改題)

おおた：大変な料理になりそうですね。どなたか、我こそは、という方がおられたらどうかご披露願いたいのですが…。

塩田丸：私でよろしいでしょうか。

おおた：塩田丸クンじゃないか。フランスへ行って、いないと思っていたのに。フランス風の英作文？

塩田丸：言語の差異よりは同一性、同一性をつきぬけてこそ差異がわかりますし、同一性と差異の差異こそ…。

おおた：ほかの人があくびしてるよ。コムズカシイ和文に出くわした場合、全文の趣旨を整理する のが第1ステップだったね。

塩田丸：すみません。この問題の全文の趣旨は、「現代の生活様態において瀕死の状況にある人間性を芸術が救済する」ということです。

おおた：皆さん、申し訳ございません。私が塩田丸クンの言葉をやさしく「翻訳」しますので、よろしくお願いします。

塩田丸：すみません。どうもフランスかぶれしてまして…。まず、第1文から。いかにも「英文」的発想の和文です。「Sは…させる」という形式は翻訳語です。語彙が充実していれば即座に英訳できます。

　① ［芸術］―〈示す〉―［我々］―［人間性］

　　Art　shows　us　humanity.

という具合に 1 対 1 で対応します。

おおた：質問していいかい？「我々」と「人間性」とは無関係なのかな？ SVOO 型だと、別々という前提になるね。我々には人間性はないだろうか。これは、「人間性」⇒「人間の本性」⇒「本来の人間の姿」と言い換えられるね。中華料理を和風に味付けする必要があるのと同じことで、英作文の大前提として「和文の意味がわかる」という点をおろそかにしてはいけません。

塩田丸：おっしゃる通りです。「人間性」という概念がすぐに、humanity と頭に浮かんでこない時の策ですね。

おおた：実はそうです。こうしてまず「自分がかみくだく」という配慮は英作文に欠かせないものでした。だから①は、

Art shows us what we really are.

We are reminded by artistic products of our forgotten nature.

（注）remember にも「思い出す」という意味があるが、be reminded of... は「何かをきっかけに思い出す」ということ。

塩田丸：そういう意味では、次も問題ですね。②〈魂を向上させる〉というのはどういうことでしょうか。spirit, soul といった単語が浮かんできますが...。

おおた：そうだね。以下に「機械」「大量生産」といった語句がみられるように、「もの」に対する「精神」ということだから、それでいいだろう。「向上させる」は？

塩田丸：elevate, raise, enhance などが浮かんできますね。

おおた：皆さんはこんな語句が浮かんできたら、「ニュアンス」なんてとやかく言わず、さっそく使ってください。「限りある資源は有効に使え！」です。

塩田丸：でも、思い付かない人はどうしましょう。

おおた：あきらめる！ ...というのは冗談です。なんとかピラニア的にくらいつく！ いや精神主義はやめましょう。上で、we を主語にしていますね。主語を揃えると、英文が「統一的視点」から書かれるので読むほうは読みやすいですね。

塩田丸：では、こんな感じ...。

② **We spiritually grow up.**

おおた：そう、そうした発想が役に立ちます。しかし、ここでは「芸術」の役割を無視するわけにはいきません。be brought up by... はどうでしょう。その場合、副詞は be の後に置きます。

We are spiritually brought up by art.

塩田丸：次も同じ要領ですね。③〈勇気を与える〉は encourage を思い出すと「勇気」が出ますね。

③ **We are encouraged by art to live.**

　　（注）一般に、SVO to V'... を受動態にした場合の by... の位置は上の例を参考にすること。

おおた：「勇気」がもてない場合は？

塩田丸：誰か、あるいは何かに与えてもらいます。つまり、

We are given the courage to live.

となり、全文を完成すると、

LESSON 12

A 第1文

> What is art? By it, we are reminded of our forgotten nature, spiritually brought up and encouraged to live.
>
> Art shows us what we really are, raises our souls and encourages us to live.

おおた：1つめの英文はかなり頑張りましたね。以下はさらにやっかいですよ。こんなペースだと皆さんがあくびされるのではないですか。

塩田丸：いつも「量より質！」っておっしゃっていたじゃありませんか。第2文は、それこそ英作文の技術でも「秘訣中の秘訣」が含まれているようですね。

おおた：ウン、問題となる箇所がいくつかあるね。

塩田丸：まず、①〈大量生産の時代〉という部分ですね、問題なのは。mass production という語句がすぐ浮かべば問題はありませんが、思い付かない場合、「10歳の子供にもわかるように」という指針を踏まえてみます。「きわめて多くの物が出回る時代」さらに、「きわめて多くの物があふれている時代」ということですね。「物」に、products 以外にも何かが使えるといいでしょうが、things でも認められるでしょう。

① **Today, we are surrounded by too many products.**

という程度で減点する人はいません。さらに②〈機構の一部〉という部分です。ここはあまり深入りせずに、a part of mechanism とでもしておきましょう。

② **We are a part of a mechanism.**

これに、「いやでも」を付加します。例えば、be forced to...とか、against our will といった語句でまかないましょう。すると、

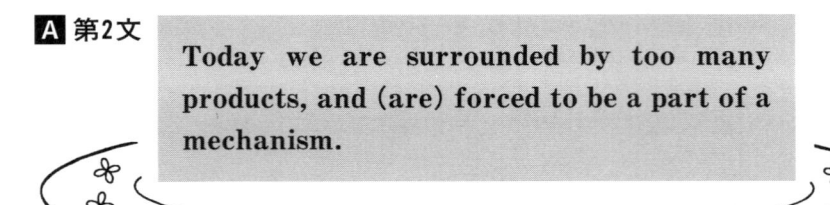

A 第2文

> Today we are surrounded by too many products, and (are) forced to be a part of a mechanism.

となります。

おおた：なるほど。私の出番がありませんね。後半は私が作ってみましょう。ご意見があれば、どんどんお願いします。

塩田丸：皆さん、おおたシェフは私の師匠であります。しかし、こうした謙虚な姿勢こそ、私が師から学んだ最大のものです。

おおた：いやいや。では、第3文です。「機械的な仕事の繰り返し」という部分から始めましょう。これも、料理法は決まっています。この中で、「動詞」で表現される語句は何でしょうか。そう、①〈仕事〉が一番簡単ですね。

[S]—〈work〉

とします。誰が？ もちろん、we ですね。「繰り返す」は？ そう、「いつも」で十分でしょう。「機械的な」は？ mechanically ですか？ それもいいですが、「単調に」monotonously といった副詞で切り抜けましょう。

① **We always work monotonously.**

次は②〈人間以下〉です。「人間の水準を下回る」とは、つまり「人間という名に値しない」be unworthy of the name of human existence といった表現でいいでしょう。

塩田丸：ちょっと待っていただけませんか。やたらと難しすぎる表現に思われるのですが．．．。

おおた：そう来ると思っていましたよ。ここはもっと簡単に、

② **We can no longer be called human.**

とでもしておきましょう。「なり下がる」は難しいですが、「人間以下」の「以下」で、「下がる」は表されているので無視しましょう。実は、be reduced to といううまい表現があるのですが、それを用いると to の後は名詞が来ますので、どうしても上のような表現を用いなくてはなりません。

② **We are reduced to a subhuman existence.**

という具合にです。

③〈心の治療〉の部分も同じ要領になります。「直す」とは「健全」になるということですから、

③ **We need to be mentally healthy again.**

さあ、合成の部分はお願いできますか。

塩田丸：かしこまりました。この3つの核文は実はみな「因果」関係によって結びついています。「．．．だから、．．．だから．．．」というわけです。これではくどいですから、1つめを「分詞構文」を用いて表現すると、

A 第3文 -a

Always working monotonously, we can no longer be called human, so that we need to be mentally healthy again.

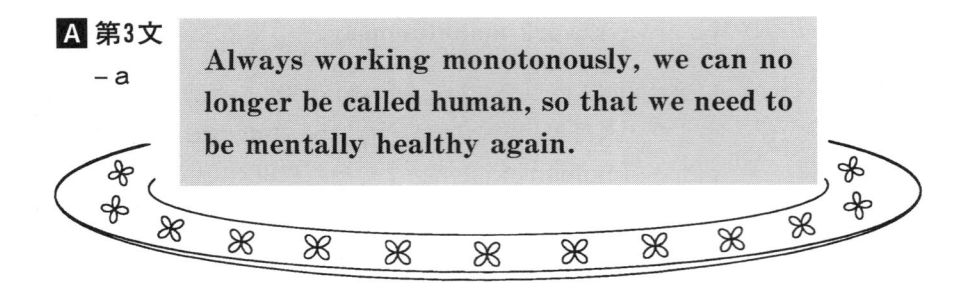

という程度になります。さらに、上級編をお望みの方もいらっしゃると思いますので、少し、「名詞化」という技を用いてみましょう。repeat の名詞形は repetition ですから、

the repetition of monotonous work

として、これを主語にします。すると、

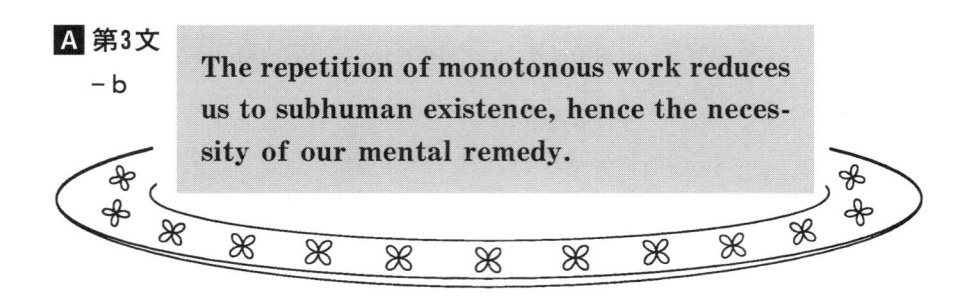

A 第3文 -b

The repetition of monotonous work reduces us to subhuman existence, hence the necessity of our mental remedy.

おおた：いいと思いますが、やはり実戦的にはすすめられませんね。
塩田丸：そうですね。「シンプル・イズ・ベスト」ですからね。さていよいよ最後の文です。①〈人間性を取り戻す〉は、「再び本来の姿に戻る」ということですから簡単に表現できますね。②〈精神的必要物〉はいかにも変な日本語ですが、「精神的に必要だ」ということになるでしょう。すると、

A 第4文

> We spiritually need good music, literature, and fine arts to be again what we really are.

という具合になります。

おおた：相当手間をかけてめでたく全体ができあがりました。この程度なら十分本番で通用すると思います。皆さん、いかがですか。要領がおわかりいただけたでしょうか。ここでもう1つ問題をお出しします。見習いシェフ諸君に私から質問しますので、どんどん答えて下さい。

✕ みんなで最後の調理実習

📖 本日のメニュー **B**

次の和文を英訳せよ。
　赤鉛筆やボールペンで受験生がやたらとアンダーラインを引いているのを見かける。あの本がかりに100年、200年たって残っていたら人は何と思うだろう。　　　　　　　　　　　　　　〈愛知大〉(改題)

おおた：さて、始めましょう。和文第1文はいくつ核文がありますか。
見習いA：2つです。①〈引く〉と②〈見かける〉が動詞になります。
おおた：そうですね。「受験生」はどう表しますか。
見習いB：「大学生になるために勉強する学生」というわけですね。
おおた：そのとおりです。大学生とは限りませんが、大学入試の問題ですからいいでしょう。事態図を作ってみてくれませんか。

これは、我々の頭の中のイメージを再現するものでしたね。

見習いC：ハイ、私がやらせていただきます。

① ［S］─〈アンダーラインを引く〉─［文章］
　　　↑──｛赤鉛筆やボールペンで｝

② ［我々］─〈見かける〉─［それ］

おおた：皆さん、よくおできになる。①の［S］には何か入りますか。［受験生］とするのはいいのですが、関係詞節を利用することになるでしょう。それから、②の「それ」の位置に it と入れるのではなくて、基本中の基本とも言える、皆さんも使えなくてはならない、あの構文...。

見習いD：知覚動詞のあの構文ですね。

おおた：そうです。

見習いE：①のほうはまず、

Some students are studying to be university students.

とし、これを関係詞節に転換します。ゆえに、

① **some students who are studying to be university students**

おおた：一応、「来年」ということにしませんか。最後に next year とつけましょう。

見習いF：私が全体をまとめます。

We often see some students who are studying to be university students the next year underlining passages in a book with red pencils or ball-point pens.

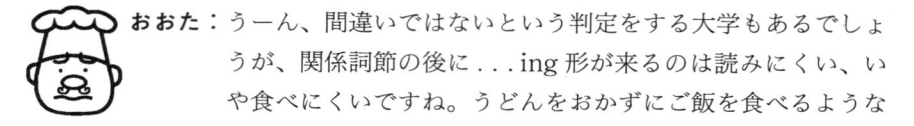

おおた：うーん、間違いではないという判定をする大学もあるでしょうが、関係詞節の後に ...ing 形が来るのは読みにくい、いや食べにくいですね。うどんをおかずにご飯を食べるような

感じです。who are を消しますか。
塩田丸：いや、関係詞節にしなくてもなんとかなりますよ。
おおた：うん、それを待っていたんですよ。塩田丸クン、どうしますか？
塩田丸：こんな感じでいかがでしょう？

B 第1文

> We often see some students underlining passages in their books with red pencils or ball-point pens while studying to be university students the next year.

もちろん、「受験生」を、candidates for college entrance examinations と名詞句で表現できれば簡単です。それに次の文に「あの本」とあるので、第1文で「本」と書いておくのがミソですね。結構難しい問題になりました。

おおた：第2文へ行きましょう。この文の動詞はまず〈残っている〉と〈思う〉ですが、「思う」の主語は何ですか？

見習いG：100年か200年後の人間ですから、

people living a hundred or two hundred years from now

です。

おおた：そうですね。people の後に living があるわけです。ちなみに、...ago/...from now の...の位置に時間を入れればいいでしょう。副詞節と主節の主語を合わせたほうが読みやすいですから、どうなるでしょうか。

見習いH：はい、こうでしょうか。

B 第2文

> If people living a hundred or two hundred years from now find those books, what will they think of them?

おおた：そんなところでいいですね。この本もどうでしょうか？

●著者プロフィール●

大田　博司（おおた・ひろし）
京都大学文学部卒、京都大学大学院修士課程修了。駿台予備学校英語科講師を経て、現在、東山高等学校教諭。予備校講師として数多くのテキストや模擬試験をてがけてきた。Reading、Writing、Listening、Speaking の 4 技能指導に精通して、英語を通して英米の文化的・歴史的背景を学ぶことを重視している。現在は英語史、ラテン語、それと Michel Henry の哲学を研究している。

大学入試
シンプル・クッキング英作文〈新装版〉

1995 年 2 月 1 日　　初版発行
2013 年 12 月 25 日　　新装版発行
2014 年 6 月 6 日　　2 刷発行

●著者●
大田　博司
© Hiroshi Ota, 2013

●発行者●
関戸　雅男

●発行所●
株式会社　研究社
http://www.kenkyusha.co.jp/
〒102-8152　東京都千代田区富士見 2-11-3
電話 編集 03-3288-7711（代）
　　 営業 03-3288-7777（代）
振替　00150-9-26710

KENKYUSHA
〈検印省略〉

●印刷所●
研究社印刷株式会社

●装丁●
寺澤　彰二

ISBN978-4-327-76479-1 C7082　　Printed in Japan